法意看中国 2018

GLOBAL CHANGE
AND
CHINA'S ROAD

2018
法意看中国

# 全球变局与中国道路

主编 刘天骄 姚无铭

当代世界出版社
THE CONTEMPORARY WORLD PRESS

# 全球变局与中国道路：法意看中国（2018）

# 导　言

2018年，是全球秩序重构的关键一年。金融危机十余年后，人们日益清晰地认识到，旧世界体系在不断瓦解，新国际秩序却尚未形成。一方面，“逆全球化”的趋势在美国总统特朗普上台后愈演愈烈；另一方面，中国主导的“新全球化”模式在崭露头角的同时，也面临着严峻挑战。“中美贸易战”的爆发正是这两条线索之间冲突的集中体现。面对百年未有之大变局，中国知识界不仅在引发全球秩序动荡的一系列事件中重新审视西方与思考世界，更在开放和包容中不断探索和构建新的治理模式与文明叙事。

从表面看，“中美贸易战”似乎只是一场经济领域的摩擦，事实上，它更是关乎世界秩序变迁的重大转折。以保护主义为核心的贸易战，不仅标志着美国已经选择抛弃了后冷战以来经其一手打造的自由主义全球体系，更彰显着西方世界面对以中国为代表的新兴市场国家所持的恐惧与敌视。这是中国发展的重要战略机遇，也是中国崛起必须直面的严峻考验。世界已经改变，并注定不会回到原点。在国际局势深刻变化的背景下，各国相互联系和依存日益加深，国际力量对比更趋平衡，而和平与发展是中国的选择与坚持。2018年，“一带一路”倡议开启了全新篇章。上合、金砖、中非合作论坛等国际组织和国际机制发展迅速、成绩斐然。中国倡导合作共赢的新型国际关系，推动构建人类命运共同体，积极参与全球治理体系的改革和建设。

值得注意的是，中国的全面崛起不仅关乎世界格局的发展，更具有文明史的意义。在过去西方中心主义的历史叙述中，全球化的历史仿佛就是西方化甚至美国化的文明扩张史，中国原有的天下体系及其背后的文明秩序被降格为一种“地方性知识”。在这种意识形态的教条下，中国从一个古典的文明秩序被改造为威斯特代利亚体系所要求的现代民族国家，被迫以“冲击—回应”式的框架与西方积极“接轨”，从而完成普适主义进程的历史终结。然而世界历史注定是全球不同文明秩序相互碰撞、相互征服、相互沟通、相互学习、相互形塑的进程。作为一个世界性的大国，中国的复兴绝不是简单的权势崛起，而是一种普遍主义文明形态的复兴，中国道路因此也必然包含文明复兴的内涵。理解中国道路必须把握两条重要线索。一是古典的儒学传统，二是近代以来的革命传统。前者关乎中华文明的复兴，后者关乎现代社会的构建。新中国的革命不仅接续了古典的文明传统，其本身也创造了一种新的文明。在不断重新审视古典传统与革命传统的进程中，全新的中国史观正在得到重建。

与此同时，人们也深刻意识到，中国真正的挑战不仅在于外部，更在于内部。2018年是改革开放四十周年。改革要解决的问题在很大程度上已不是旧的计划经济体制带来的问题，而是在经济体制转轨基本完成之后，如何使新的社会主义市场经济体制尽快健全和完善的问题。财富的分配在社会贫富分化的背景下日益突出和敏感，原先发展过程中积累的一系列问题也亟待解决。环境资源、产业结构、债务和金融风险、城市化、老龄化等问题不仅由于现代化的高速发展而被挤到一起，增加了解决的难度和紧迫性，在利益多元化的背景下，统筹协调各方、凝聚改革共识、实现有效治理，也比以往复杂得多。为此，中共中央通过《深化党和国家机构改革方案》，正是为全面推进国家治理体系和治理能力的现代化提供有力的制度保障。面对改革的深水区，如何坚定改革信念，如何破解体制的藩篱，如何突破利益的固化，不仅需要理论的指导，也需要实践的勇气。四十年来，中国在经济、政治、社会等各个领域都发生了翻天覆地的变化，走出了一条具有中国特色的发展道路。回顾历史，总结经验，吸取教训，不仅是为我们认识和反思过去寻找资源，更是为中国的未来探索发展的重要方向。2018年的局势再一次表明，中国和世界已经构成一个紧密的结合体，二者相互依存，共同发展。出于这种考虑，我们在《法意看世界》的基础上，出版这本《法意看中国》。作为《法意看世界》的姊妹篇，本书聚焦过去一年多来中国国内的思想讨论，并试图通过这种讨论，记录中国思想界和公共舆论界的思考精华，观察并思考由此折射出的中国经济、政治和文化走向。本书分为“全球局势：观察与评论”“特朗普新政与‘中美贸易战’”“中国崛起与国际关系”“中国道路”“中国体制：政党、国家与治理”“经济与社会”“公共舆论与文化意识形态”七编，试图通过对国内学界思想讨论的概括与摘要，展现中国学人看待世界、思考世界的方式，为人们理解百年未有之大变局提供一幅更为丰富的思想图景。

《法意看中国》编委会

2019 年 9 月

# 目录

## 第四编：中国道路



## 第五编：中国体制：政党、国家与治理



## 第六编：经济与社会

## 第七编：公共舆论与文化意识形态

# 逆全球化与新全球化：世界走势与中国发展

［**编者按**］ 第二次世界大战以来，特别是“后冷战”以来，科学技术发展和市场经济的全球化以前所未有的速度向前发展。全球化一方面推动了人类社会前所未有的流动、分工、交流和融合，但另一方面也带来了人类文明或文化价值的冲突、分配不公等问题。如果说此前全球化意味着西方化甚至美国化，那么随着以中国为代表的非西方新兴市场国家的崛起，其在全球化和全球治理中扮演着越来越重要的角色，以至于世界正处于一种“新全球化”的时代，甚至被看作是处在“中国式全球化”的新进程中。在此背景下，复旦大学社会科学高等研究院于2017年10月28、29日举办了“逆全球化与新全球化”学术论坛，邀请相关领域的专家和学者进行了深入讨论。与会学者多数认同西方主导的全球化对人类历史的贡献，并对目前全球表现出的“反全球化”“逆全球化”的趋势表示担忧。有学者认为，目前出现的“逆全球化”为后发国家提供了机会，尤其中国应当大力推动全球化，但中国若想引领全球化依然需要很长的时间，因此需保持战略定力。相关讨论刊于《探索与争鸣》2018年第1期。

## 一、逆全球化的表现

逆全球化主要表现为保护主义抬头，各国一体化进程受阻，全球范围内利益分配不均衡，发达国家与发展中国家话语权不对等。

北京大学国家发展研究院名誉院长、南南合作与发展学院院长、新结构经济学研究中心主任林毅夫教授认为，世界经济已经出现“逆全球化”的潮流，主要表现为：一是各国间宏观政策协调难度加大，为加快经济复苏，各国利益诉求和政策着力点的差异日益显现；二是各国保护主义抬头，贸易壁垒逐渐增加；三是有些国家和利益群体把利益分配不均、贫富分化加剧错误地归咎于全球化，成为反全球化的主要力量。〔1〕

中国社会科学院世界经济与政治研究所国际政治经济学研究室副主任、副研究员徐秀军认为，逆全球化主要有三个方面的表现：一是保护主义抬头，全球主要经济体的对外经济政策取向已经与全球化进程的要求背道而驰，政策调整的恶性循环，破坏了各国政策的延续性和可预期性，也侵蚀了全球化深入发展的根基；二是一体化进程受阻，WTO多回合谈判未取得实质性进展，英国启动“脱欧程序”、美国退出TPP为阻碍区域经济一体化树立了不良榜样；三是全球治理赤字，其中包括民主赤字〔2〕、制度赤字〔3〕和责任赤字〔4〕。〔5〕

## 二、出现逆全球化的原因

出现逆全球化的原因在于世界经济持续低迷，地区经济资源分配不

〔1〕 林毅夫：《解析中国提出“一带一路”倡议四大优势》，载《探索与争鸣》2018年第1期。

〔2〕 民主赤字是指，尽管发展中国家与发达国家之间的力量对比朝着有利于发展中国家的方向迈进，但发达国家一直在全球治理中处于主导地位，并成为全球治理规则的制定者，而发展中国家不得不成为规则的遵守者和追随者。

〔3〕 制度赤字是指，随着形势的变化，一些传统全球治理机制的结构和功能面临调整和变革。但由于既得利益国家和国家集团的阻挠，这些调整和变革进展十分缓慢。与此同时，一些新的全球治理机制还有待发展和完善。

〔4〕 责任赤字是指，发达国家享受了全球治理的主要权利，但受民粹主义思潮的影响，在责任面前却尽力推脱。而发展中国家仍无法获得与自身实力相适应的话语权。

〔5〕 徐秀军：《逆全球化思潮下中国全球治理观的对外传播》，载微信公众号“对外传播”，2017年4月5日。

均，社会被遗弃感和不安全感增强。

对外经济贸易大学国际商学院范黎波教授和施屹舟教授称，“逆全球化”趋势出现的根本原因在于：近年来世界经济持续低迷，公共政策失灵，导致经济低迷态势无法缓解；全球化部分地区经济不平等现象加剧，资源分配不公，导致富者愈富、贫者愈贫；移民问题使得民众的被遗弃感和不安全感增强，从而使得民心转向民粹主义政治人物。〔1〕

清华大学政治学系教授、教育部长江学者特聘教授任剑涛厘清了反全球化、逆全球化的概念：反全球化主要是一种思想运动和社会抗议行动，是社会力量作用的结果；逆全球化是倒转全球化的国家化蜕变，需要国家力量介入。〔2〕

## 三、全球化不可逆转

学者们普遍认为全球化不可逆转，任何国家都无法将自身抽离。一些学者认为逆全球化潮流是全球化模式由美国领导换轨到中国引领的过渡，另一些学者则认为逆全球化是全球化的偶发现象，发达国家仍然掌握着全球化模式主导权。

台湾大学政治系教授朱云汉认为，世界经济已经开始遭遇“逆全球化”的袭击，但是当前逆全球化潮流不会将世界带入“金德伯格陷阱”，我们所看到的国际秩序动荡是世界经济格局由美国带领的全球化模式换轨到中国引领的全球化方案的过渡现象。〔3〕任剑涛认为，逆全球化是西方国家想要借此重塑全球化机制，来保障自己的国家利益，并借机重塑一个全球化新秩序，逆全球化是全球化起伏的偶发现象，全球化则不可逆转。今时今日出现的逆全球化，恰恰是因为发达国家内部的经济民主

〔1〕范黎波、施屹舟：《理性看待和正确应对“逆全球化”现象》，载微信公众号“中国社会科学网”，2017年4月2日，转载自《光明日报》。

〔2〕任剑涛：《逆全球化、民主轴心与全球化重构》，载《探索与争鸣》2017年第3期。

〔3〕朱云汉：《世界需要担心金德伯格陷阱吗》，载《探索与争鸣》2018年第1期。

缺乏保障，政治民主向权贵政治倒退，而国际社会的经济与政治民主同时缺乏动力所导致的全球化倒退恶果。[1]

对外贸易经济合作部原副部长、博鳌亚洲论坛原秘书长、中国与全球化智库主席龙永图提出，中国没有出现“反全球化”或“逆全球化”的现象的原因就在于，中国充分认识到全球化是把双刃剑，政府或者整个社会公众直面全球化带来的负面影响。对于有些人认为“逆全球化”出现的重要原因就是中国的崛起，龙永图认为，这种观点有一定道理，中国需要注意不要搞“赢家通吃”，有所为有所不为，互相考虑发展利益，找到利益切合点。[2]

龙永图同时提出经济全球化在不断地发展，不可逆转。他认为经济全球化不可逆转的原因在于：一是经济全球化的动力是科学技术的不断发展，而科学技术的发展不可阻挡；二是全球中小企业和全球新兴市场国家参与全球经济发展的潮流不可阻挡；三是全球产业链和供应链网络的形成不可逆转。[3]

北京大学国际战略研究院院长王缉思认为，全球化不可逆的潮流不可阻挡，国际规则总体是合理的，但有不公正的部分需要改良、改革，社会失序是历史长河的正常现象，但总体来看，社会秩序还是在朝着有序的方向发展。[4]

## 四、中国需冷静面对逆全球化

在逆全球化背景下，学者们均认为，中国要完全接棒全球化主要推动力角色还需要时间，现阶段，中国需要科学冷静地面对逆全球化，需要对外传播中国参与全球治理的立场、主张和行动。

---

〔1〕 任剑涛：《逆全球化、民主轴心与全球化重构》，载《探索与争鸣》2017 年第 3 期。

〔2〕 龙永图：《中国为何没有出现“逆全球化”》，载《探索与争鸣》2018 年第 1 期。

〔3〕 龙永图：《中国为何没有出现“逆全球化”》，载《探索与争鸣》2018 年第 1 期。

〔4〕 王缉思：《全球化不可逆但公正问题值得考虑》，载微信公众号“政治学与国际关系论坛”，2018 年 1 月 28 日。

龙永图认为，中国目前无法担当全球化主要推动力的原因在于：首先，新的科学技术发展是全球化的动力，而现今真正的科学技术发展中心还是在美国。其次，中国的大跨国公司竞争力还不够，中小企业刚刚发展起来，国际化程度也不够。中国如果可以成为把握全球化发展方向的国家，那么在这一阶段对全球的贡献也十分具有建设意义，因为只有如此，全球化才不会遭受抵制，发展得更为顺利。[1]

任剑涛认为，全球化领导权还不到转移的关键时刻，后发国家要改变全球尾随者地位，发挥参与者甚至领导者作用，需要为全球化确立起国内政治民主整合的适宜机制，也需要为国际社会贡献平等发展、公正分利的民主智慧，这对中国来说既是磨砺也是机遇。[2]

范黎波和施屹舟认为，中国应当加强对“逆全球化”趋势的全方位研究，听取合理的呼声和有益建议，科学冷静地看待“逆全球化”现象，认清形势，增强定力，坚定不移地发展外向型经济。中国需要倡导“共商、共建、共享”的包容性全球治理理念，坚定不移全面深化改革；继续扩大开放，积极参与主导国际规则的制定，打造以G20为核心的全球经济治理长效机制。[3] 徐秀军认为，面对一些国家对中国参与全球治理和推动全球化进程的误解，中国应当多角度对外传播中国参与全球治理的立场、主张和行动。[4]

## 五、“一带一路”有助于推动全球化

逆全球化背景下中国的“一带一路”倡议有助于推动全球化，有助于促进各国共同发展。

---

〔1〕 龙永图：《中国为何没有出现“逆全球化”》，载《探索与争鸣》2018年第1期。

〔2〕 任剑涛：《逆全球化、民主轴心与全球化重构》，载《探索与争鸣》2017年第3期。

〔3〕 范黎波、施屹舟：《理性看待和正确应对“逆全球化”现象》，载微信公众号“中国社会科学网”，2017年4月2日，转载自《光明日报》。

〔4〕 徐秀军：《逆全球化思潮下中国全球治理观的对外传播》，载微信公众号“对外传播”，2017年4月5日。

朱云汉认为，“一带一路”倡议的提出意味着中国将引领非西方国家探索全球化新路径，并全面修正全球化游戏规则。首先，中国准备将自己过去累积的政府与市场两手并用之发展经验，推介给“一带一路”沿线国家，并透过新的政策协商机制、经济整合架构、多元长期融资平台、技术与产能输出策略，让欧亚大陆与环印度洋地区形成紧密的经济板块，带动沿线国家的经济发展。其次，以中国为领头羊的非西方国家，在为全球化注入新的动力的同时，也会引进新的全球化路径与游戏规则，以使全球经济交换与合作模式更能符合发展中国家广大群体的包容性增长及可持续性发展的需要。[1]

林毅夫认为，在“逆全球化”背景下“一带一路”倡议有助于推进全球化，有助于为促进各国共同繁荣发展提供中国方案。第二次世界大战后，绝大多数发展中经济体不能摆脱低收入或中等收入陷阱的最大症结在于照搬西方主流理论，未能处理好政府与市场的关系，而中国推进务实渐进的双轨制转型，既发挥“有效市场”的作用，也发挥“有为政府”的作用，成功利用全球化带来的巨大发展机遇。

林毅夫强调，中国提出“一带一路”倡议具备四大优势：一是强大的基础设施建设实力；二是充足的外汇储备；三是中国所处发展阶段的优势，“一带一路”沿线大多数国家是承接中国劳动力密集型产业转移的好地方，对于沿线国家来说也有利于其同时实现工业化和现代化；四是中国发展理念的优势，中国倡导解放思想、实事求是，既能正确认识自己，也能正确认识别人。[2]

（李玥整理）

---

〔1〕 朱云汉：《世界需要担心金德伯格陷阱吗》，载《探索与争鸣》2018年第1期。

〔2〕 林毅夫：《解析中国提出“一带一路”倡议四大优势》，载《探索与争鸣》2018年第1期。

# 新政治家的登场

**[编者按]** “后冷战”以来，全球沉静在“历史终结”的喜悦中，由此形成对资本主义市场经济、法治和宪政民主的制度迷信，从而忽略了政治家个人在历史中的作用。然而，随着全球经济发展的变化，尤其是全球化带来的地区之间的经济不平等、政治动荡和利益争夺，世界政治秩序正在发生微妙的转变，新政治家们在不同程度上打破了既有的政治规则。特别是被压迫的大众并未从制度安排中获得其被许诺的幸福，于是只能转而诉诸那些具有人格魅力、铁腕并敢于打破陈规的政治家。俄罗斯的普京、德国的默克尔、美国的特朗普等都是在这种背景下在世界政治舞台上发挥着举足轻重的影响力。《文化纵横》2018 年 8 月号专题“新政治家的出场”对几位具有代表性的强人政治家进行了评述。

## 一、“强人领袖”特朗普

北京大学政府管理学院副教授段德敏认为，特朗普是美国历史上少有的“强人领袖”。在国内政治方面，特朗普的权力基础是对传统的两党之争感到极大不满的那部分美国选民，其反体制、反精英的姿态正是这种超越性的体现。特朗普比尼克松更大规模地使用“沉默大多数”这一话语来对抗精英话语，这就使得特朗普在一定程度上可以绕开政党机器直接诉诸民众，并改造共和党。这种将民主拓展为民意领袖的破局方案容易使权力极端化，特朗普偏“右”的做法确乎是一种民粹主义现象。体制在此时已经难以解决人民关心的问题，但绕开体制寻求解决方法似乎又无法提供一种长期有效的新的制度路径。联邦党人“限民主、促共和”的精神必须要面对今日美国社会泛政治化以及总统权力扩张的挑战。特朗普不是什么纳粹领袖，但其上台也并不是美国“传统精神和价值观”的回归，同欧洲的右翼运动一样，其表面“保守”、实则激进的政治运动从一开始就带有集权化的特征。

在国际关系方面，特朗普“美国第一”的原则重新定义了“敌人与朋友”，而这其实与美国国内政治直接相关。这与“什么才是真正的美国人民的利益”和“谁才是真正的美国人”两个问题的斗争有关，前者是分配问题，后者是认同问题。经济民族主义和保守主义是他对这两个问题的回应，反映了美国在国际社会中新的自我认知，即一种“弱者”的心态。全球化时代的不确定性，让美国社会有大一批人产生挫败感。而弱者的心态更容易明确“敌人”，更加呼唤政治强人的出现。因此，对美国政治的思考需要抛弃过多先见，将这种政治的不确定性作为分析的前提。[1]

## 二、普京：政治民主之名与强人政治之实

上海外国语大学国际关系与公共事务学院教授杨成指出，普京的再度当选延续了俄罗斯政治民主之名与强人政治之实的传统，但是在新周期下，俄罗斯的发展面临着诸多亟待解决的旧问题。2018 年 3 月 18 日，政治强人普京再次高票当选俄罗斯总统。偏好强势有个性的领导人是俄罗斯政治文化的一大特色。这一政治传统贯穿莫斯科公国及帝俄时期，又渗入到苏维埃的政治基因中。苏联解体后，俄罗斯在叶利钦的带领下开始了新一轮的现代化转型，这一过程以民主之名和强人政治之实进行推进，俄罗斯强人政治传统与超级总统制等制度安排构成了严密的耦合

〔1〕 段德敏：《美国特朗普时代的强人政治》，载《文化纵横》2018 年 08 号。

关系。而在“长普京时代”，超级总统制获得了真正的生命力。西方精英和媒体的主流意见将普京的强人政治视为俄罗斯的万恶之源，也因此对俄罗斯大选的有效性充满质疑。

杨成指出，2000 年到 2012 年的三次总统选举符合传统选举政治中的经典假设，即社会经济形势越好，人民对政治家越信任，获得胜选的可能性越高。而到了 2018 年，选举环境对于普京来说并不乐观，俄罗斯经济进入了低迷期。但普京在 2014 年的乌克兰危机中生成了一个全能型领导人的形象，这使其在 2018 年的选举中无需过多包装就可高票当选。过往依靠经济发展换取政治支持的普京权力公式开始被经济与政治分离的规则替代，收回克里米亚使俄罗斯传统的领袖评估和认知模式重新发挥作用。作为军事强国的俄罗斯最为重视的领土问题，也是衡量领导人执政水平的最关键因素。普京正是利用由此衍生的政治文化传统为自己的正当性提供养分。

然而，困扰俄罗斯发展的老问题仍然存在。其一，俄罗斯的政权交替在普京退出后将成为难题；其二，在政治继承问题持续存在的新周期下，如何确保普京体制的稳定；其三，俄罗斯经济要如何走出有（低）增长无发展的困境；其四，如何处理好与西方的关系。俄罗斯目前仍无法跳脱出其发展路径的劣势，而这些老问题在 2024 年后说不定会以较为剧烈的方式表现出来。[1]

## 三、马哈蒂尔：西方模式与亚洲价值

拉曼大学中华研究院中文系助理教授陈中和高度评价了马来西亚总理马哈蒂尔，认为他重视与伊斯兰的关系，有一套集合西方模式、以亚洲价值为基础的治国观点。陈中和认为，马哈蒂尔过去执政期间通过发展工业化、开放投资、提高行政效率和国有企业私有化等改革使马来西

---

〔1〕 杨成：《普京与俄罗斯政治：新周期的旧问题?》，载《文化纵横》2018 年 08 号。

亚经济获得了长足进步。而他在国内对伊斯兰的持续关心和重视，也为马来西亚留下了一系列重大的伊斯兰化资产。在国际上，马哈蒂尔敢于批评西方帝国主义和白人种族主义，强调伊斯兰的治国哲学。贯穿马哈蒂尔思想的是其马来民族主义，即对内追求马来人的领导权，对外反对西方帝国主义。马哈蒂尔认为帝国主义对发展中国家的影响有三点：其一，好战的帝国主义利用武力来掠夺其他国家的资源；其二，西方利用自由贸易和全球化来建构其统治秩序；其三，西方白人至上的生活价值对亚洲国家进行入侵。

陈中和指出，马哈蒂尔自己有一套集合西方模式、以亚洲价值为基础的治国观点。首先，马哈蒂尔奉行亚洲特色的民主制度。其实质是以英国选举制度为基础，结合亚洲传统家长制领导思想的制度，并不全盘接受英美的民主价值。其次，他提倡实践性的伊斯兰观点。马哈蒂尔认为伊斯兰必须顺应时代潮流进行调整，扬弃不具实践性的伊斯兰传统，使伊斯兰得以成为一个现代化的生活方式。最后，马哈蒂尔鼓吹亚洲价值导向的经济发展模式。其对内扶持并保护马来人的经济，对外坚持向东学习和以亚洲为主体的区域经济整合政策。

陈中和进一步评价道，马哈蒂尔是务实的国家领导人，其上台后会更努力打造公平合理的社会分配机制，并致力于打击伊斯兰激进力量，以巩固国民的团结。[1]

## 四、东亚政治领袖："法"与"治"之间

新加坡国立大学法学院副教授王江雨讨论了东亚政治领袖的"法"与"治"之困。王江雨认为，第二次世界大战之后"东亚模式"在经济上的成功首先依赖于一个强势、懂经济和有发展目标的领导人的存在，这是唯一的必要条件。东亚的威权体制也许与民主颇不兼容，但与法治

---

〔1〕 陈中和：《马哈蒂尔的治国观：伊斯兰与亚洲价值》，载《文化纵横》2018年08号。

的兼容度却比较微妙。法治被视为现代国家政府合法性的基础，但对政治强人们却形成了限制。正当程序与权利保护相关联的法律可能会延误短期政策目标的迅速达成，从而削弱甚至破坏国家建设。东亚各国政治强人们在对待法治问题上有着不同的态度。

新加坡成功的关键是法治（rule of law），其制度和思想源头是英国的法治传统和李光耀在日本占领新加坡时代的个人经验。新加坡在独立之后根据国情对英国普通法传统进行了灵活调整，普通法体系的基础之中有着一些能够保障民权的核心要素，即重视个人自由、保护私有财产以及程序规则至上。而新加坡的严刑峻法则来自于李光耀在日本占领时期的观察，即通过铁腕手段减少犯罪是可行的。

韩国的发展则是一个教科书式的民主法治转型案例。韩国在朴正熙时代经历了典型的威权发展模式。但在经济方面，韩国却经历了人均所得的惊人增长、国民福利的全面提高、经济结构水平的提升、一级国际贸易量的急速增加等经济现象。朴正熙对法律的态度被某些学者称为“东亚新法家”，其目的在于建设一个繁荣富强的国家而非保护个人权利，客观上为民主化打下了坚实的基础。经济发展实现了城市化、工业化和现代化，从而带来了社会动员，在此基础上产生了民主政治的两个驱动力：政治文化和社会结构。两者合力，促成了20世纪80年代末期向民主政体的过渡。

王江雨指出，除中国香港地区、新加坡、韩国以及日本之外，东亚经济体总体上法治情况乏善可陈。新加坡经验由于其独特元素比较难以复制。韩国的“强势领导推动的威权发展—经济发展—社会动员—社会变革—民主化和法治化”路径，是一种教科书式的经典转型道路，并一度被认为是东亚模式的必然归宿。但现在看来情况似乎变得更加复杂，有待进一步观察。[1]

（高天宇整理）

---

〔1〕 王江雨：《东亚政治领袖的“法”与“治”之困》，载《文化纵横》2018年08号。

# 新格局下的欧洲一体化发展及对华政策调整

**[编者按]** 在全球经济和金融危机、欧洲主权债务危机、移民和难民危机、恐怖主义等接连打击下，持续了半个多世纪的欧洲一体化遭遇了前所未有的挑战，民族主义、民粹主义思潮在欧洲主要国家持续上升、泛滥。英国脱欧事件充分折射出自2008年世界金融危机以来，西方发达资本主义国家贫富两极分化与政治碎片化的社会发展趋势，疑欧、恐欧、反欧情绪在民众中普遍蔓延。在新的格局下，欧洲主要国家开始重新寻找自身在欧洲以及世界政治经济舞台上的新角色和新定位，其中，如何在亚太地区争得经济利益和政治话语权成为他们的重要考量。针对英国脱欧新格局下欧洲一体化发展以及欧洲对华政策调整等问题，《当代世界》杂志2018年第4期进行了深刻的分析讨论。

## 一、欧洲一体化的困境与挑战

欧洲一体化面临空前的困境与挑战，“疑欧”“反欧”“脱欧”的民粹主义思想成了欧洲社会思想的“新主流”。

上海外国语大学英国研究中心研究员孙盛囡、上海外国语大学英国研究中心常务副主任高健指出，英国脱欧给欧洲政治经济格局带来了极大的震动，英欧关系将面临极不确定的未来，虽然特蕾莎·梅在《英国脱欧白皮书》中明确提出，将寻求与欧洲建立“新型战略伙伴关系”，且英国与欧洲大陆国家之间的历史联系也无法被随意抹杀，但是在一系列涉及双方根本利益的重大问题上，英国与欧盟的立场依然存在原则性差异。在法国、德国、荷兰、奥地利等国的大选中，反建制政党和极端政党纷纷进入议会或者仅以微弱的劣势败选，更甚有意大利的五星运动党、联盟党和意大利兄弟党等赢得了超过半数的选票，有望上台执政。[1] 中国社会科学院欧洲研究所副研究员、欧洲科技政策研究室副主任、中国意大利研究会秘书长孙彦红认为，考虑到意大利的经济和政治分量，未来意大利与欧盟层面在诸多重大问题上存在严重分歧显然不利于欧洲一体化的推进。[2] 中国社会科学院欧洲所研究员彭姝祎认为，提振民众对欧洲一体化的信心，从根本上祛除民粹主义的阴霾，是摆在欧洲政治家面前的当务之急。英国脱欧后，由英、法、德三国组成的欧盟“三驾马车”少了“一驾”，传统“法德”核心的重要性凸显。法国总统马克龙趁机提出重启法德轴心计划，以此推动欧洲复兴，该方案随着德国组阁危机的正式结束，也正在从纸面走向行动。需要注意的是，目前对于法德联手振兴欧盟的前景还不能持完全乐观的态度，尤其是在欧元区改革的问题上，法德两国还难以达成一致。另外，在振兴欧洲的共识之下，不仅德法两国，而且新老欧洲之间也存在一些分歧，需要进一步加强沟通，扩大共识，从而尽快推动欧盟走上复兴之路。[3]

## 二、欧盟成员国的对华政策调整

新格局下，欧盟及欧盟成员国均调整了对华政策。

中共中央党校国际战略研究院副教授赵柯、国务院发展研究中心世界发展研究所研究员丁一凡认为，中欧关系处于一种“失衡”的状态：

---

〔1〕 孙盛因、高健：《英国脱欧与中英关系的发展趋势》，载《当代世界》2018 年第 4 期。

〔2〕 孙彦红：《意大利大选后政局走向及对欧盟的影响》，载《当代世界》2018 年第 4 期。

〔3〕 彭姝祎：《重启“法德轴心”与欧洲振兴的前景及挑战》，载《当代世界》2018 年第 4 期。

一方面，欧盟层面的对华政策由以前更注重经济利益的“无条件接触政策”转而体现出越来越多的“对抗性”，联合美日，利用西方国家的整体优势，在市场准入、产能过剩、技术转让等议题上对中国施压，并积极介入亚太安全事务；而另一方面，中国与欧盟成员国的双边关系要好于与欧盟的总体关系，中国与欧盟主要成员国以及中东欧、南欧和北欧国家之间在双边关系层面取得了显著成果。发生这种变化的主要原因在于，现阶段的欧盟认识到，自身“备受质疑”，并且处在一个“更具对抗性”的世界中。欧盟的这种“不安全感”使得其面对中国的崛起变得不再自信，试图走回“新西方”政策的老路。而成员国基于欧盟复杂的治理体制愿意与中国发展双边关系，进而分享中国经济增长带来的红利，但却把中国的合理诉求推脱给欧盟机构。[1]

## 三、英国脱欧事件的影响

英国脱欧事件也给中英关系的发展带来了新变化。

孙盛囡和高健指出，民生问题是整个英国脱欧事件的焦点所在，应该成为我们把握英国社会危机与研判英国外交政策的关键视角。他们认为，民生问题是英国脱欧的导火索，但脱欧并没有如民众所愿地缓解英国的社会矛盾，甚至可以毫不夸张地说，脱欧的选择已将英国置于非常危险的境地——日益动荡不安的国内政治经济形势，严重削弱了英国外交的自主能力，极大地压缩了英国外交战略发展的想象空间。由于亚太地区在整个全球经济格局中的重要性日益凸显，不甘于接受被边缘化的英国将亚洲作为未来重点布局的核心区域之一，抓住了亚洲的英国无疑为自己积累了重要的筹码。新格局下中英关系的发展体现出四个方面的特征：其一，经济合作是中英双边关系的稳定器与压舱石；其二，人文交流蓬勃发展，民间交往日益频繁；其三，是“一带一路”的天然战略

〔1〕 赵柯、丁一凡：《“失衡”的中欧关系：解析欧盟对华政策调整》，载《当代世界》2018年第4期。

伙伴，合作前景十分广阔；其四，政冷经热的局面没有改变，意识形态分歧依然存在。随着中英双方的合作更为深入密切，中英双边关系将更为深入持久，中英构建具有示范效应的不同文化体之间互融互通、协作共赢的特色双边关系完全可以期待。

（叶开儒整理）

# 欧洲观察，德国模式下无解的意大利

**[编者按]** 自2017年英国提出退出欧盟之后，欧洲各国相继出现脱离一体化的呼声。作为欧元区第三大经济体的意大利在脱欧问题上的摇摆引发了各界关注。对此，前中国银河期货首席宏观经济顾问、独立财经评论人付鹏，在2018年5月26日发表《欧洲观察：德国模式下无解的意大利》一文指出，当前德国模式引领下的欧洲，其核心的经济困局是无解的。在此框架下，欧洲各国延伸出了货币和财政政策的困局，而意大利就是一个典型。[1]

## 一、欧洲问题的死结：德国模式

欧洲问题的死结在于无法打破德国引领下的欧洲经济运转模式的僵局。在此模式下，德国依靠强大制造业的发展导致虹吸效应，大量盈余流向国内，其他国家则被吸干，无法维系自身财政收支，最终为维持整个欧洲区的循环，德国又不得不实施救助。

全球经济一体化需要需求的扩张者，而经济学中需求的源头源自于债务的扩张。美国全球化模式的优势是经常项目和资本项目最终形成了债务闭环。但是，德国由于历史和现实原因，并不具备债务转移和债务全球分配的权力，无法形成债务闭环，因此，德国采取绝对坚守物价的稳定和财政

---

〔1〕 付鹏：《欧洲观察，德国模式下无解的意大利》，搜狐财经网，http：//www.sohu.com/a/232974107_313170，最后访问日期：2018年7月3日。

预算与公共债务的平衡，即货币政策以物价稳定为目标，财政政策以尽量平衡和不增加债务为目标。

然而，由于德国的内部需求并不强劲，依靠其强大的制造实力，超级出口导向型的制造业发展模式就带来了虹吸效应。欧洲内部的大量盈余流向德国，其他欧洲内部和德国合作的贸易伙伴则无法实现盈余，也就是弱国积弱难返，强国无法从中获利的问题。

欧盟里的其他国家失去了经常项目的盈余，随着金融危机的出现，这些[illegible]本项目的推动来维持的国家，资本不仅不再流入，甚至[illegible]循环的双逆差下无法维持自身的财政收支。而此时为了维[illegible]循环，德国则不得不救助其他国家。之前一次的欧债危机[illegible]德国的轻微妥协和欧洲中央银行的救助来阻止进一步的负（[illegible]发生。



## 二、恶性循环的典型：意大利

这种模式会加剧欧洲国家民粹主义的兴起，而民粹主义竞选所依靠的提高社会福利承诺反过来会导致债务的进一步增加。意大利就是这种恶性循环的典型。

在德国引领的欧洲经济运行模式下，欧盟体制的缺陷集中暴露，民粹主义加剧兴起。跟着核心欧元区国家的这些欧洲外围国家，债务集中在国家债务和银行债务身上，公共债务迟迟无法降低，核心区的虹吸效应造成财政无法获得收入，最终结果便是加剧了民粹主义的兴起。

从意大利的角度上看，其中期可持续性风险较高，结构性的基本财政盈余不足使得公共债务快速上升，再加上近期的政策措施以及不利的人口趋势，长期财政的可持续性也在恶化。大选之后，民粹主义政党上台，提高社会福利是其竞选纲要，然而养老金改革的任何退步都将导致债务的增加。只要民粹党在位，对欧洲央行和核心欧元区国家的绑架就不会结束。这种绑架对内体现为意大利任何政府无法以削弱老百姓享受的福利为代价上台，对外体现为对一体化欧洲的强硬。目前，意大利已经引发布鲁塞尔和欧盟其他国家对该国的担忧。负债累累的意大利的金融稳定性可能因升息及近期政府措施而面临风险，这一风险可能蔓延至整个欧元区。

（李祺整理）

# 2017 西方思想年度述评

［编者按］ 2017年西方思想的流变，透露出多种明暗交织的迹象：美国社会分裂加剧，欧洲开启“马克龙时刻”转机，中国正在改变西方世界的感知，民主危机再次成为焦点议题，反性侵扰运动席卷全球，“思想工业”正在转变公共领域的结构，而人工智能的发展令人兴奋，也令人忧虑。为此，华东师范大学政治学系教授刘擎于2018年1月29日发表《2017西方思想年度述评》一文，对2017年的西方思想进行了评述。文章首发于“腾讯·大家”网站，完整印刷版刊于《学海》杂志2018年第2期。

## 一、美国：特朗普主义

在美国政治领域，特朗普虽然身陷重围，但其背后有着不可低估的政治文化意义，他开启了美国政治的一个新时代，一个社会分裂与政治极化不断加剧的时代，一个持久的文化内战时代。

刘擎认为，特朗普就任总统第一年的实质性政绩是颁布《减税与就业法案》和任命保守派大法官尼尔·戈萨奇。一年中，特朗普遭遇了新任总统前所未有的抵抗，从女性到科学家，再到总统顾问。这些抗议和媒体负面评论与特朗普肆无忌惮的推特言行之间形成了一种永久循环，白宫的高层官员也频繁变动，特朗普政府持续处于动荡之中。特朗普的政策也反复无常，甚至引发对其精神健康状态的疑虑。

刘擎指出，特朗普及其现象的背后有着不可低估的政治文化意义，如果只是简单地将特朗普现象看作一个笑话，就是一种危险的误解和误判。需要看到，特朗普登上政治舞台具有真实的民意基础，即对多元文化主义的抵制和对建制派政治的反抗，而这些反全球化、反建制派、反少数族裔和边缘群体的思潮又难以为任何政治建制派所容纳。所以，特朗普的政治实际上是一场“反叛”的政治运动，但他能否真正实现其竞选承诺，仍有待观察。不过对于多元文化主义的抵制者而言，身份关切高于经济需求。特朗普主义背后的思想指导并非来自新保守派（neocon），而是来自“西岸施特劳斯派”的“克莱门特研究所”成员。但即使是不少所谓的特朗普主义思想精英，也与特朗普产生了决裂。刘擎认为，特朗普上台开启了一个美国政治的新时代，一个社会分裂与政治极化不断加剧的时代，一个持久的文化内战时代。

## 二、欧洲：马克龙时刻

在欧洲政治领域，2017 年是重获信心的一年。荷兰、法国和德国的大选结果有力地回击了欧洲极右翼政党势力的扩张，鼓舞了已经开始回暖的欧元区经济。

刘擎指出，法国大选的结果被欧美舆论视为转折点，被称为“马克龙时刻”。德国哲学家哈贝马斯多次表达了对马克龙的赞赏和期望。哈贝马斯认为，欧洲右翼民粹主义的主要根源在于欧盟领导力的失败，这无法使欧盟成员国开展有效的合作。而马克龙具备改革家的气质，他拥有三种非凡品质：塑造政策的勇气、使欧盟的精英规划服从于民主政治的承诺和令人信服的思想论辩能力。

刘擎介绍，许多学者认为，在欧洲一体化进程中，法国和德国始终发挥着关键作用，欧盟复兴的希望也在于形成“法德轴心”的强健政治领导力与治理能力，以真正积极的改革方案，为那些使欧洲选民背弃建制政治的诸多问题，提供可靠的解决方式。因此，马克龙不是一个现成的答案，而是一个解决问题的机会，他的执政为德国提供了一个可以合作的伙伴。

但是，德国自身陷入了将欧洲一体化视为“零和博弈”的保守困境；右翼民粹主义政党在匈牙利与波兰已经掌控政权，在西欧国家的政治影响力也在逐步上升；反欧盟浪潮虽已退潮，却可能卷土重来；不仅欧洲各国之间难以达成一致，各国内部分歧也十分严重。刘擎认为，“马克龙时刻”可能产生一次推进的动力，但这个机遇能否真正被抓住，并借此推动欧盟一体化，渡过危机，充满不确定性。

## 三、中国：引领全球化

中国影响力方面，虽然逆全球化成为主流浪潮，中国却展现出逆流而上、引领全球化前行的姿态，日益走近世界舞台中央。美国政治科学家、政治风险研究与咨询公司欧亚集团（Eurasia）主席布雷默（Ian Bremmer）在《时代》周刊发文称，中国的资源汲取能力在技术变革的速度和规模无比重要的时代，具有竞争优势，而代议民主制和自由市场资本主义不具有竞争力。《纽约客》驻华记者、2008 年普利策奖获得者欧逸文（Evan Osnos）发表于《纽约客》的文章对比了美中两国近年来此消彼长的国际影响力，认为特朗普为中国提供了战略机遇，中国可以通过填补美国正退出的领域，扩展自己的全球影响力。但是由于中国不会很快取代美国的超强角色，中国也未必愿意仿效美国，成为全球公共品的提供者和规则仲裁者，所以世界可能正在进入一个缺乏突出领导者的时代。针对中国的特殊情况，西方分析家提出了不同于硬实力和软实力的“锐实力”（sharp power）概念。《经济学人》发文认为，西方面对中国的影响力，不能采用建造壁垒隔离的方式，而应走中间道路，提倡透明性，因为中国已是世界经济的一部分。“软实力”概念的提出者、美国政治学家约瑟夫·奈则认为，“锐实力”的概念不能成立，锐实力即硬实力。奈认为，中国经济的成就生成了硬实力，也因为提供了有力的叙述而形成了软实力，但硬实力的不当使用会削弱中国叙事的软实力。

关于“锐实力”，刘擎认为，这不只是“中国威胁论”的又一种翻版，还标志着西方意识形态从向外扩张转向对外防御的征兆，这可能是当前西方思想最发人深思的变化之一。

## 四、探究民主危机

探究民主危机成为2017年西方思想界格外突出的议题，并带有鲜明的现实关切，越来越多的研究转为对“成熟民主国家”自身的反思。与此同时，各派知识分子先后在布拉格、巴黎和波士顿发表三份公开宣言，试图提出自己的诊断、分析与期望，集结起来以群体性的呼声介入公共论辩。

2017年，耶鲁和斯坦福举办了两场关于西方民主危机的学术会议。民主理论的权威学者戴蒙德认为，当今世界进入了“民主错乱的新时期”，表现在三个方面：其一，民主衰退已蔓延到核心自由民主国家；其二，整个世界的政治光谱向威权主义明显偏移；其三，越来越多的专制国家以强大的威权国家为楷模，民主化压力减小。福山则提出了民粹主义兴起的身份与经济复合解释。他认为，很多经济问题实际上源自身份关切，所以民粹主义的支持者并不是最底层的民众，而是中下层，他们的关切是防止落入最底层。

著名政治经济学家普泽沃斯基（Adam Przeworski）认为，当前民主衰退的一个重要原因是中产阶级丧失了对未来的信心，经济的不平等日益加剧，导致了“阶级妥协”的瓦解。所以特朗普只是危机的征兆，而非根源。哈佛大学青年政治学者芒克（Yascha Mounk）则认为，民主社会实际上还没有经受过长期经济停滞的考验，如果目前经济停滞的趋势再持续二三十年，那么民主体制可能就会崩溃。[1]

面对西方社会面临的危机，各派知识分子纷纷发表宣言，为西方社会号脉开药。2017 年 5 月，六十多位自由主义学者和政治活动家发表《布拉格民主复兴呼吁书》，呼吁所有珍惜自由主义民主的人结成联盟都来捍卫它。自由主义民主的威胁既来自于外部的威权主义势力，也来自于民主国家的倒退。而捍卫民主、复兴民主的出发点即重申民主的基本原则。10 月 7 日，欧洲十名保守主义倾向知识分子发表《巴黎声明：我们可以信靠的欧洲》。他们认为，欧洲的威胁不是俄罗斯和穆斯林移民，欧洲的真正危机是欧洲处于幻象、自欺和意识形态的扭曲中，是一个“虚假的欧洲”，欧洲文明遗产被挥霍殆尽。欧盟致力于建构一个普世主义的欧洲，而他们主张重建“真正的欧洲”，多样一体的欧洲，其基础是民族国家体制和基督教传统价值。11 月 20 日，三百多名基督教神学家共同签署了《波士顿宣言》，谴责美国福音派等宗教保守势力滥用和扭曲圣经教义，对权势者性侵犯和“白人至上主义”表达愤怒，要求忏悔美国的种族主义。

## 五、社会文化领域

在社会文化领域，反性侵运动与女性主义辩论如火如荼，公共领域爆发工业革命，过去的“思想市场”已经转变为“思想工业”。

2017 年西方“MeToo”反性侵运动如火如荼。借助社交媒体，该运动迅速由美国演艺界传播至社会各界，并传播到西方各国。这项广泛和强劲的社会运动，不仅挑战了权重位高的施害者，也促发了平权意识与观念的变革，尽管其对政治的影响仍然有限，运动本身在女性主义内部也引发了争议。英国左翼网刊 Spiked 就发表了 13 位女性知识分子的异

---

〔1〕 以上内容皆引用自刘擎：《2017 西方思想年度述评（上篇·政治与思想）》，载腾讯大家，http：//dajia. qq. com/original/category/lq18012901. html，最后访问日期：2018 年 2 月 27 日。

议。首先，运动的趋势可能在女性主义内部导致一种文化转向，从女性赋权的目标转向赋予女性受害者的地位；其次，性侵扰的定义越来越宽泛，使运动失去了重心和焦点；再次，这场运动揭露了严重的性犯罪以及女性被轻视的程度，这是健康的，但现在“它已经变形为一场群体性的歇斯底里”；最后，这场运动的极端趋势正在制造两性关系的对立。

刘擎认为，“MeToo”运动的激进性恰恰是对程序主义功能失灵的反弹。如何平衡与协调法律程序与社会运动之间的关系是复杂而困难的问题，这需要在运动进程中被认真对待和解决，但这不应当成为将运动污名化的一个理由。

与此同时，公共领域正在发生一场工业革命，过去的“思想市场”（the marketplace of ideas）已经转变为“思想工业”（the Ideas Industry）。塔夫茨大学国际政治系教授德瑞兹纳（Daniel Drezner）2017 年 4 月出版了《思想工业》（*The Ideas Industry*）一书。他认为，今天的知识阶层已经不再可能像1950 年代的撰稿人那样远离市场、社会或国家，而是受到多种力量的显著影响，而这些力量是有特定偏好的。德瑞兹纳区分了公共领域中两种不同类型的参与者：公共知识分子（public intellectuals）与“思想领袖”（thought leaders）。前者是伯林意义上知道很多事的“狐狸”，后者则是专注一件事的“刺猬”；前者崇尚专业学术标准，后者自信满满地传播自己的新理论，能以一种视角或一套思想体系解释非常广阔的现象。

目前思想工业的需求与奖赏明显地倾向于思想领袖，而不是公共知识分子，原因在于三种相互关联的趋势：对体制权威信任的衰落、社会政治的极化以及经济不平等的迅速加剧。人们对新思想以及思考世界的活跃方式产生了强烈的需求，迫切期待具有开阔和明确理念的思想领袖，而不是在学理上纠缠细枝末节的公共知识分子。

## 六、人工智能

最后，人工智能是 2017 年思想界不可忽视的又一重要主题，其发展对人类生存意义造成了冲击，对经济发展带来了巨大影响，其广泛而深远的挑战意义令人兴奋，也发人深省。

人工智能这两年的迅速发展，对人们的实际生活产生了巨大影响。其中有一个颇为反讽的现象：人工智能的研究群体及其热衷者大都是理性主义的世俗论者，然而在他们中间以及相关的媒体报道中，却开始盛行宗教性的语言。对人工智能前景的预言，无论是悲观的人类毁灭，还是乐观的获得永生，都带有浓厚的神学修辞和隐喻。[1] 然而对于大多数人来说，哲学或宗教性的谈论仍然虚无缥缈，无法忽视的是人工智能对经济的冲击，这是更为现实而紧迫的关切。在日益自动化的世界中，绝大部分工作可能会走向一个消亡的时刻，有人称之为“经济奇点”（the economic singularity）。《纽约客》10 月 23 日一期的封面预告了这种暗淡的前景：昂首阔步的机器人向街边行乞的人类施舍。

不论是自动化首先导致制造业人力需求的大幅下降，抑或店面零售行业在网络销售日益兴盛的压力下迅速萎缩，抑或人工智能的发展让劳动变得更为轻松和简单，让生产更有效率、消费更为便捷，同时也正在造成大量的失业以及更大的贫富差距，这一切给人类社会带来的政治、经济与文化的冲击可能只是刚刚开始，其广泛而深远的挑战意义令人兴奋，也发人深省。

（曹文姣整理）

---

〔1〕 以上内容均引用自刘擎：《2017 西方思想年度述评（下篇・文化与科技）》，载腾讯大家，http：//dajia.qq.com/original/category/lq18012902.html，最后访问日期：2018 年 2 月 27 日。

# 关于“蛋糕案”的讨论

**[编者按]** 2018年6月4日，美国最高法院九位大法官以7比2对“蛋糕案”[1] 做出科罗拉多州民权委员会败诉的最终判决。“蛋糕案”是美国最高法院近年来所判决的最重要的宪法案件，能与美国几乎所有的核心政治冲突都扯上一定关系。诸多学者就“蛋糕案”展开了讨论。学者们纷纷表示，“蛋糕案”中深藏着美国社会价值观念的冲突，其中最为突出的便是宗教自由与各种个人自由之间的矛盾与冲突，但遗憾的是，美国最高法院对此案的判决书中却回避了这一核心问题。尽管如此，本案对于理解美国当今社会的价值观念冲突仍有十分重大的意义。相关文章载于微信公众号“雅理读书”。

## 一、美国社会的价值冲突

“蛋糕案”中深藏着美国社会有关价值观念的尖锐问题：宗教自由与性向平权的价值冲突、自由与平等的张力、美国宪法第一修正案与第十

---

〔1〕 此案缘起于2012年7月，一对同性婚姻伴侣来到位于科罗拉多州Masterpiece蛋糕店定做结婚蛋糕，但该蛋糕店的店主基于自己作为基督徒的宗教信仰，拒绝了该对同性婚姻伴侣的请求。在另一家蛋糕店提供了结婚蛋糕后，该对伴侣向科罗拉多州民权委员会提交诉状，主张Masterpiece蛋糕店的行为违反了《科罗拉多州反歧视法》中“禁止对外营业的经营商基于种族、宗教、性别或性取向而歧视顾客”的规定。在州和上诉法院败诉后，Masterpiece蛋糕店的店主将案件上诉到了联邦最高法院。联邦最高法院最终以科罗拉多州民权委员会的审查官员没有中立、平等对待Masterpiece蛋糕店店主的宗教信仰为由，判决科罗拉多州民权委员会败诉。

四修正案的平衡等。

第一，“蛋糕案”体现了宪法第一修正案中的宗教自由与第十四修正案引申而来的各种个人自由之间的矛盾与冲突。

清华大学法学院副教授刘晗认为，“蛋糕案”涉及各种新兴的个人自由，同时也事关一种长期挑战堕胎、同性恋、同性婚姻等自由权利的最强烈的价值诉求：宗教。前者是从宪法第十四修正案的正当程序条款发展而来，而后者宗教自由则是更加古老的宪法第一修正案所规定的。二者之间的冲突使得“蛋糕案”不是一个偶然案件，而是一次社会、政治和文化冲突的集中展现。〔1〕耶鲁大学法学院教授张泰苏认为，“蛋糕案”所反映的同性恋权利与宗教势力之间的冲突是美国当下最为敏感的社会与政治话题之一，涉及主流自由主义最为核心的自我认知。〔2〕

第二，“蛋糕案”反映了言论自由与平等之间的张力。

北京大学法学院助理教授左亦鲁认为，言论自由是本案理论上最具张力的部分。言论自由曾经将自由主义者都团结在一起，但“平等”的加入使得自由主义阵营内部开始分裂。“蛋糕案”所反映的，就是当下最热门、聚焦了最多关注和资源的一种平等——性向平等——与言论自由发生的冲突。〔3〕

第三，“蛋糕案”反映的不只是公民政治权利问题，更是一个经济社会发展问题。

北京大学法学院教授凌斌认为，“蛋糕案”凸显出一个精英衰落、民怨沸腾和族群、阶级、价值观急剧撕裂的美国，反映了资本洗劫造成的

---

〔1〕刘晗：《蛋糕案的问题，跟堕胎有关》，载微信公众号“雅理读书”，2018年6月6日，https://mp.weixin.qq.com/s/q-Pj8Mno_g9820CPfByPjQ，最后访问日期：2018年7月6日。

〔2〕张泰苏：《这是一份充斥着政治考虑的判决书》，载微信公众号“雅理读书”，2018年6月6日，https://mp.weixin.qq.com/s/4DRjYrZ6bgDE7KvPMa9ndw，最后访问日期：2018年7月6日。

〔3〕左亦鲁：《要言论自由，还是性向平等》，载微信公众号“雅理读书”，2018年6月7日，https://mp.weixin.qq.com/s/RuilLlq9GA6c8FFg9r5E5Q，最后访问日期：2018年7月6日。

社会深层撕裂和政治两极分化。[1]

## 二、判决对核心问题的回避

该案判决书明确回避了案件的所有核心问题，试图保持中立，但仍然在一定程度上包含了价值判断。

第一，最高法院出于政治考虑，明确回避了宗教自由、言论自由、平权等所有核心权利问题，但这样的回避不能解决任何问题。

张泰苏认为，最高法院回避所有核心问题仅得出避重就轻的程序性结论，是在以法理上的“不作为”规避政治风险。但政治与社会局势越是混乱，最高法院所能提供的归纳与澄清功能越是重要。最高法院这种回避的做法只会使美国民众与政界达成新共识的过程更加艰难与缓慢。[2] 左亦鲁认为，判决基本回避了言论自由与平等（无论性别、种族、财富还是性向）间的张力。多数大法官不仅没有为“言论”下定义以确定“言论自由”的保护范围，而且还对言论自由与平等之间的冲突避而不谈。然而这一问题是结构和根本性的，即便在具体案件和争议中躲过了，也无法阻止其以另一种面目再次出现。[3]

第二，大法官试图在判决中保持中立。

上海交通大学凯原法学院教授郑戈认为，最高法院回避了案中所涉及的平权与反歧视问题，将案件构想为个体层面两种自由（同性恋者的婚姻自由与基督教烘焙师的宗教自由）之间的冲突，并通过在这两种自

---

〔1〕 凌斌：《蛋糕有毒》，载微信公众号“雅理读书”，2018年6月11日，https：//mp.weixin.qq.com/s/Xow9y8Va6RdyzIV3iVXrjw，最后访问日期：2018年7月6日。

〔2〕 张泰苏：《这是一份充斥着政治考虑的判决书》，载微信公众号“雅理读书”，2018年6月6日，https：//mp.weixin.qq.com/s/4DRjYrZ6bgDE7KvPMa9ndw，最后访问日期：2018年7月6日。

〔3〕 左亦鲁：《要言论自由，还是性向平等》，载微信公众号“雅理读书”，2018年6月7日，https：//mp.weixin.qq.com/s/RuilLlq9GA6c8FFg9r5E5Q，最后访问日期：2018年7月6日。

由之间维持中立立场而拒绝做出价值判断。[1]

第三，此案的判决虽然狭窄，但仍包含价值判断。

耶鲁大学法学院法学博士唐韵认为，此案的判决虽然狭窄且有“打太极”之嫌，却也是较为恰当的，因为其中仍然包含价值判断。首先，肯尼迪大法官执笔的主要意见书重申了最高法院两点重要的反歧视成果，一是商家不能够因为宗教原因而躲避公共服务法规对反歧视的禁止，二是宪法对同性恋者权利权益的保护。其次，两位自由派大法官的协同意见书为政治氛围左倾各州的反歧视、民权委员会等机构指明了方向，使其能够在未来的同类案件中，运用恰当的语言，在给出反歧视与平权的同时也尊重宗教自由的判决。[2]

（姚无铭整理）

---

〔1〕 郑戈：《在诸神相争的世界，如何做一枚中立的蛋糕》，载微信公众号“雅理读书”，2018年6月15日，https：//mp. weixin. qq. com/s/UYBTRJvuTs0GMhIZgJozAQ，最后访问日期：2018年7月6日。

〔2〕 唐韵：《关于“蛋糕案”的二十条乱弹》，载微信公众号“雅理读书”，2018年6月9日，https：//mp. weixin. qq. com/s/Q6PNFCYK-W8fc7TYAXvbTA，最后访问日期：2018年7月6日。

# 美国新劳工运动的兴起

**[编者按]** 在新自由主义议程下，经济全球化对美国劳工运动有深远的影响。一方面，去工业化造成的制造业外流使得美国传统工业地区大批产业工人失业，生活陷入困窘；另一方面，大量外籍移民涌入美国劳动力市场，他们集中在低工资的非正规行业，因其临时性和零散化的就业而得不到美国“国家劳资关系法”的保护，此外，他们也不是传统的商业工会发展的对象，难以组织起来维护劳动权益。在以代表工人进行工资集体谈判和为工人提供工作生活相关服务为主要特征的商业工会不断衰弱的背景下，关注更广泛的社会公平正义议题，注重底层动员和草根行动的社会运动工会逐渐兴起，而越来越多的扎根社区、以地理位置和文化身份为联结纽带的工人中心也成为组织外籍移民工人的重要形式之一。以“争取15美元时薪”为中心议题的美国劳工运动显示了美国严重的收入不平等和社会分化，这也反映了当代资本主义的危机。为此，“澎湃新闻”刊载了许辉的《美国新劳工运动的兴起》系列文章并进行了讨论。[1] 文章对20世纪30年代以来的美国劳工运动的历史进行了梳理，勾勒出美国新劳工运动兴起的前因后果。

---

〔1〕 许辉：《美国新劳工运动的兴起①：从“商业工会”到“社运工会”》，载澎湃新闻，https：//www. thepaper. cn/newsDetail_ forward_ 2440838，最后访问日期：2018年10月15日；许辉：《美国新劳工运动的兴起②：“争取15美元时薪”与旧金山案例》，载澎湃新闻，https：//www. thepaper. cn/newsDetail_ forward_ 2440999，最后访问日期：2018年10月15日。

文章认为，美国劳工运动的历史大体经历了 18 世纪末城市手工业匠人的职业联盟、20 世纪 30 年代的社会运动工会、20 世纪 40 年代的社会合同覆盖、20 世纪 50-80 年代的商业工会和 20 世纪 90 年代至今的社会运动工会复兴这几个阶段，每个阶段的美国劳工运动都呈现出不同的面貌和特点，这是由美国产业结构、法律制度和劳动力市场的不断变化决定的。

20 世纪 30 年代，随着美国内战后工业化的迅速发展和工厂规模的扩大，社会阶层开始分化，工人抗争运动不断，罗斯福新政时期《国家工业复兴法》和《国家劳动关系法》的颁布保障了工人组织工会和集体谈判的权利，使得工会会员数量倍增，影响力也不断提升。

20 世纪 50-80 年代，商业工会则成为美国劳工运动的主要形式。商业工会在业务上只关注眼前利益，主要是集体谈判和合同内容的执行，尤其是工资和福利，并为工会会员提供健康计划、保险、法律咨询等服务；在组织策略上只在工人有组织工会热情的热点工厂里开展工作，通过投递宣传单和信件与会员建立联系，不进行面对面接触，开展倡议行动也只从工会总部发起，只动员最低数量的会员，注重短平快的行动。所以，商业工会在性质上更像一种提供代表服务的中介，工会会员付钱购买包括利益代表和集体谈判在内的专业服务，工会则通过支持主流政党的候选人来换取政策照顾。

但是，商业工会的愈发建制化、官僚化导致工人参会比率持续下降，工人工业行动的数量和规模缩减，集体行动有效性降低，劳工和工会的政治影响力不断衰弱。到 20 世纪 80 年代，美国劳工运动衰落的原因，除了上述弊端外，还在于美国制造业外流到土地和劳动力成本更低的国家和地区，工会的谈判能力降低；与此同时，服务业的发展使得女性、有色族裔和外籍移民成为劳动力市场的主流，然而他们却无法获得传统商业工会的保护，他们的工作形式（临时、兼职、劳务派遣）也使得他们无法建立起自己的工会。

20 世纪 90 年代，由于新的劳联—产联主席约翰·斯维尼（John

Sweeney）推行的系列改革，美国劳工运动开始复兴社会运动工会。斯维尼的改革强调以更加积极的劳工运动挑战企业对劳资关系的主导权；主张与其他国家的劳工运动合作，与更广泛的社会运动结合；强调工会的包容性，将妇女、有色族裔和外籍移民纳入工会组织范围；注重加强工会培训和会员教育，并建立研究所推广工人组织经验。总的来说，新的社会运动工会注重面对面沟通、草根领导、社会正义导向、直接行动、社区结盟以及政治介入。

在此期间，还出现了一种新型工会组织，即“社会工会”，亦称“工人中心”，这是一种运用各种不同的策略为低收入的移民工人争取最低工资、改善工作条件、倡导公共政策以及提供社区服务的综合体，具有准工会性质。它以共同居住的社区和族群身份为纽带，不仅维护工人的工资、福利和工作环境等劳动权利，还关注与移民相关的就业、住房、教育、公民权和政治参与等问题。具体而言，工人中心向工人提供律师和专家，进行法律培训；提供语言学校、职业技能培训、住房、工作机会等信息，帮助融入社区；免费发放实物券，提供交通补贴或团体健康保险等。除此之外，工人中心还设置领导力课程，培养社区领袖；并与其他工人中心建立联系，形成团结网络，发挥联合力量。

（曹文姣整理）

# 美国“印太战略”牵制中国

［编者按］ 2017年11月，美国总统特朗普上任后开始了首次“亚洲行”。在访问日本时，特朗普表示，美国将与盟国积极合作推进自由开放的印度洋—太平洋地区，积极构建以美国、印度、日本和澳大利亚为首的区域“印度—太平洋”（以下简称“印太”）地区安全架构。“印太”取代“亚太”，被看作是美国亚洲政策的转向，标志着美国更加注重亚太地区，力图继续主导和掌控亚太地区政治、安全与经济发展的方向，以防止中国崛起损害美国在该地区的战略利益。对此，网络上舆论反响强烈。学者们从“印太”战略与“亚太”战略的关系入手，分析了“印太”战略所面临的挑战，并探究了中国面对新的世界秩序和地缘政治格局的战略定位。

## 一、“印太”战略是“亚太”战略的深化与拓展

美国“印太”战略是“重返亚太”战略的深化与拓展，其目标是从地缘政治和经济上对中国进行牵制。随着中国战略力量提升，战略活动范围扩大，美国希望发展与澳大利亚和印度之间的关系，以塑造新的地区安全架构，从而继续维护美国在全球秩序中的领导地位。对此，上海社科院国际关系研究所研究员胡志勇表示，“印太”转型的核心是美国极力回归亚洲，以应对印太地区地缘战略格局的新演变，并积极促使其成

为美国今后一段时期战略调整的重点地区。[1] 著名经济史学者、《货币战争》的作者宋鸿兵指出，美国“印太”战略的核心在于突出印度的作用，印度与美国形成战略同盟，将切断中国南部的海上通道，使中国的“海上丝绸之路”“中巴经济走廊”受到遏制。而近日印度与日本联手提出的“亚非经济走廊”，可以被看作是替代中国“一带一路”倡议的做法。[2]

## 二、“印太”战略面临巨大挑战

美国“印太”战略在实施上面临着巨大的挑战，最终可能收效甚微。首先，美国过于强调自身的经济利益将有损于其他盟友的利益。当代世界研究中心研究员赵明昊认为，特朗普近期在 APEC 会议等场合的讲话继续坚持“美国第一”理念，抨击多边贸易体制，这一做法并不符合合作方的经济利益，因而特朗普政府的“印太”战略缺少有力的经济支柱。[3] 胡志勇也表示，相比“印太”战略，经贸和朝核问题是特朗普更注重的问题，要成功解决这两个问题，都离不开中国的合作，因此特朗普不可能完全推动牵制中国的战略。而且，特朗普退出跨太平洋伙伴关系协定（TPP）后，“印太”的经济支柱已变得虚幻。[4]

---

〔1〕 胡志勇：《美国借“印太”战略牵制中国》，载中评网，http：//www.chinatw.tw/doc/1048/8/4/6/104884648.html？coluid = 137&kindid = 7930&docid = 104884648&mdate = 1123000205，最后访问日期：2018 年 1 月 3 日。

〔2〕 宋鸿兵：《宋鸿兵解读美国印太战略》，载宋鸿兵搜狐公众号，http：//www.sohu.com/a/213209913_636860，最后访问日期：2018 年 1 月 3 日。

〔3〕 赵明昊：《美国“印太”战略：旧瓶装旧酒？》，载《新京报》2017 年 11 月 20 日。

〔4〕 胡志勇：《美国借“印太”战略潜牵制中国》，载中评网，http：//www.chinatw.tw/doc/1048/8/4/6/104884648.html？coluid = 137&kindid = 7930&docid = 104884648&mdate = 1123000205，最后访问日期：2018 年 1 月 3 日。

## 三、中国应找准自身战略定位

面对新的世界秩序和地缘政治格局，中国应该重新找准自身的战略定位。胡志勇认为，美、印两国战略伙伴关系的加强，在地区层面上将大大削弱本来艰难前行的中印双边关系，并将使中印关系发展的不确定因素陡然上升，不利于中、印两国的崛起。[1] 清华大学国际关系研究院院长阎学通教授则表示，从外交角度来讲，今后五年的外交政策应以周边为重点，周边之外的地区服从周边。与此同时，在经济上，“一带一路”要摆脱交通线的观念束缚，以市场为导向，在全世界范围内开展“引进来、走出去”的经济合作，以更开放的战略，成就一个新的全球化合作倡议。[2] 新加坡国立大学东亚研究所所长郑永年对此则表示了担忧，他认为，随着美国全球霸权的相对衰落和中国等国家的崛起，未来的世界秩序将有可能类似于以前的帝国共存秩序，中国在其中如何通过“立足亚洲、放眼世界”找到自己的定位，依旧是个艰难的过程。

（叶开儒整理）

---

〔1〕 胡志勇：《美国借“印太”战略牵制中国》，载中评网，http：//www.chinatw.tw/doc/1048/8/4/6/104884648.html? coluid=137&kindid=7930&docid=104884648&mdate=1123000205，最后访问日期：2018年1月3日。

〔2〕 郑嘉璐：《中国周边外交正面临重大战略机遇——专访清华大学国际关系研究院院长阎学通》，载南风窗，http：//www.nfcmag.com/article/7694.html，最后访问日期：2018年1月3日。

# “中兴事件”引发热议

**[编者按]** “华为事件”与“中兴事件”将“中美贸易战”推向了舆论的风口浪尖。针对这两次事件中暴露出来的大量问题，我国学者持续关注并广泛参与了热议。在“中兴事件”与“华为事件”中，技术问题成为学者们讨论的热点。学者们纷纷讨论“贸易战”以通信科技产业为目标的原因，并进一步分析了中国由此应当采取的应对措施。此外，这两次事件还触发了学界关于新结构经济学的讨论。

## 一、通信科技产业首当其冲

针对为什么在“贸易战”中中兴、华为等通信科技产业首当其冲，学者们给出了一些解释。今日头条签约作者周兴斌认为，[1] 特朗普政府以“中兴”为“首刀”目标，是因为中兴触碰了美国“利润顺差”的核心部位。美国一直以来都是以技术输出为核心的大国，其牢牢搭建起技术壁垒。这种把核心技术留在自己手里，将制造业外包的方式，使得美国企业紧紧握住利润头部，享有世界最大的“利润顺差”。但在自主知识产权与技术的发展下，中兴不断展示着极快的发展速度与未来潜力，恐怕也正是因为如此，美方才视其为大敌，选择在贸易战中“首刀”中兴。

---

〔1〕《拨开云雾见光明，双线作战“中兴事件”或将柳暗花明》，载微信公众号“周兴斌”，2018 年 5 月 10 日，https：//mp. weixin. qq. com/s/svESHQRBaQN2y_ bSJ5HmPQ，最后访问日期：2018 年 5 月 10 日。

微信公众号牛弹琴认为,[1] 在“中美贸易战”中,中国高科技公司中兴通讯最先倒下,既是意外,更多的也是警醒和反思。一方面,中兴表现不够理智,在明知成为美国攻击标靶的情况下,还违反美国法律法规和契约,授人以柄,成为美国杀鸡儆猴的对象。另一方面,美国人的封杀,打的正是我们的软肋。中国的芯片和操作系统主要从美国进口,中国经济并非“岩上之屋”。中国必须在核心技术上占据主动,在美国技术不再开放的情况下也能应对。值得提醒的是,自主研发不能演变成“抵制美货”的行动,必须坚持并且更加大力度地改革开放。

财经专栏作家向小田认为,[2] 选择通信设备企业,是因为通信设备市场跟国家安全有很大的关系。美国处罚中兴和调查华为的重要原因是,以华为、中兴为代表的中国科技企业,实际上已经威胁到了美国先进制造业的优势地位。美国方面有充足的理由,以这个行业为切入点。华为和中兴并不是个案,未来的美国政府可能会对更多的中国科技公司出手。我们要做的,一方面是坚持全球化和自由贸易的方向,另一方面要加强自主创新,主动投入更多的资金和人才在科技创新上面。

## 二、中国应当如何应对

针对这场“贸易战”中国的应对策略,不同学者提出了不同的观点。《三联生活周刊》专栏作家邢海洋认为,[3] “贸易战”只能以战止战。中兴这次被美国罚死,国人集中的反思是中国芯片命门被抓住,只要芯片

〔1〕《中兴事件,这五个问题必须深刻反思!》,载微信公众号“牛弹琴”,https://mp.weixin.qq.com/s/6cOFzaawDIvBGOZ1ix2lag,最后访问日期:2018年5月10日。

〔2〕巴九灵:《制裁中兴、调查华为,贸易战迎来了升级版丨小巴问大头》,载微信公众号“吴晓波频道”,2018年4月28日,https://mp.weixin.qq.com/s/R80lo0vpegnYmnQnagXl2A,最后访问日期:2018年5月10日。

〔3〕邢海洋:《中兴事件,贸易战只能以战止战》,载微信公众号“三联生活周刊”,2018年4月19日,https://mp.weixin.qq.com/s/YiAnS_ONJLO9lLbQ_Tq90Q,最后访问日期:2018年5月10日。

发展起来就不再害怕美国人，但贸易摩擦是无法禁绝的。“贸易战”是战争，妥协换不来和平，只能培养出对手予取予求的习惯。以战止战才是正常的战争应对，比如选取一些美方芯片供应商或其他消费品予以打击，或者选取像特斯拉这种我们已经能生产的电动跑车，抑或是我们已经有潜力取代的芯片。至少不该是高粱，这反而凸显了我们没有鱼死网破的底气。

经济观察报专栏作家赵楚认为,〔1〕“中兴事件”并不意味着我们要回到自主研发的举国体制和冷战思维，企业发展从长远看有赖于中美政治和安全关系的重大缓解和升级，从现实着眼则是首先应该做到国际化的合规和手法操作。历史上出于特殊政治与政策原因的技术追赶战略是特定历史条件的产物，但这并不是正常的社会经济和兴业殖产路径。这种“不惜代价”和“不计成本”的战略，最终导致的其实是土法炼钢式的废品与半废品。而中兴等公司的兴起，正是基于对这些负面遗产的清算。我们已身处一个虽有壁垒却完全相关的科技和产业世界，没有人可以完全依赖一国的科技与内部贸易建立与全球平行的经贸体系。国际关系学院校长助理达巍认为,〔2〕中美经贸摩擦应当在技术和政治层面区分来看。技术或政策层面问题，比如中国的知识产权的保护程度如何、市场的开放力度是否够大、外资企业有没有获得公平的市场待遇等。政治层面问题，比如涉及产业竞争、经济竞争、模式竞争等。中美在技术层面的长期目标是一致的，差别主要在于速度和程度。需要注意的是，一旦技术问题衍化成政治问题，对中美双方都是不利的。

---

〔1〕赵楚：《中兴事件再反思：技术冷战思维绝非解决之道》，载搜狐网，http：//www. sohu. com/a/228881784_ 665455，最后访问日期：2018年5月10日。

〔2〕巴九灵：《制裁中兴、调查华为，贸易战迎来了升级版 | 小巴问大头》，载微信公众号“吴晓波频道”，2018年4月28日，https：//mp. weixin. qq. com/s/R80lo0vpegnYmnQnagXl2A，最后访问日期：2018年5月10日。

但值得一提的是，面对美国制裁时，中兴和华为展现出了不同的态度。苏宁金融研究院特约研究员江瀚认为，[1] 相对于中兴，华为面对美国制裁似乎更为淡定，但我们仍不可掉以轻心。这是因为：其一，美国业务占比不是华为的大头；其二，应对美国的调查，华为早已见怪不怪；其三，华为开发了自身的海思麒麟芯片，在芯片领域有自己的优势。美国对中兴、华为下手，意在敲山震虎，重塑美国的世界贸易霸主地位，走逆全球化的道路，所以我们对美国的下一步举动切不可掉以轻心。

## 三、新结构经济学的讨论

除此之外，中兴事件触发了学界关于新结构经济学的讨论。中国人民大学经济学教授贾根良撰文指出，新结构经济学因“中兴事件”而轰然倒塌。[2] 首先，新结构经济学的理论框架缺乏“结构”。在旧结构经济学看来，发展中国家的结构改造问题是经济发展的中心任务。但在新结构经济学中，看不到结构问题的影子。其所谓的政府干预实际上是对具有比较优势的产业的支持，本质上是“交换经济学”。其次，新结构经济学不能从根本上解释低收入经济向中等收入的历史性转变。一个国家在刚开始时仅靠出卖自然资源或体力劳动，虽然“（经济）剩余”很多，但因为没有积累和不断革新其技术能力，最终将会陷入“贫困的陷阱”。因此，经济发展的核心问题是技术能力和创新问题，而不是新结构经济学关注的“（经济）剩余”问题。最后，新结构经济学缺乏历史感，与我国创新驱动发展战略存在矛盾。“中兴事件”说明，没有核心技术，中国制造 2025 只不过是建立在沙滩上的大厦。而新结构经济学强调的比较优

[1] 巴九灵：《制裁中兴、调查华为，贸易战迎来了升级版丨小巴问大头》，载微信公众号“吴晓波频道”，2018 年 4 月 28 日，https://mp.weixin.qq.com/s/R80lo0vpegnYmnQnagXl2A，最后访问日期：2018 年 5 月 10 日。

[2] 贾根良：《新结构经济学因“中兴事件”而轰然倒塌——在第十届中国演化经济学年会上的发言》，载察网，http://m.cwzg.cn/theory/201804/42146.html?page=full，最后访问日期：2018 年 5 月 19 日。

势理论，直接导致企业安于从事加工、组装等价值链低端，而不积极投入自主研发。“中兴事件”的残酷事实将比较优势理论的教条击得粉碎。

（徐清海整理）

# 未来五年中国面临的外部挑战

**[编者按]** 中国正日益走向世界舞台的中心，同时也前所未有地接近世界擂台的中心。尽管我们始终坚定地认为当今世界的主流是“和平与发展”，但在中国由世界大国向世界强国、由初步复兴向全面复兴、由追赶时代向引领时代的跃升过程中，尤其是在未来五年内与世界其他主要势力发生现实或潜在冲突的可能不容忽视，这种可能并不会因为中国想要和平崛起的愿望而完全消失。为此，《文汇报》记者郑若麟发表长文《未来五年，东西方冲突将以美国模式还是中国模式发生?》,〔1〕同时，著名旅法时事评论员宋鲁郑发表《未来五年美国为什么不是中国的威胁？——兼与郑若麟先生商榷》〔2〕一文作为回应。双方就未来五年中国是否会与以美国为首的西方势力产生实质性冲突展开了一场激烈的讨论。二人对于中国崛起是否会对美国产生威胁以及美国是否会在核心利益领域挑战中国的问题有着不同见解，但却都认为中国真正的挑战在其内部。文章内容载于“观察者网”。

〔1〕 郑若麟：《未来五年，东西方冲突将以美国模式还是中国模式发生?》，载观察者网，https：//www. guancha. cn/ZhengRuoZuo/2018_ 01_ 24_ 444355_ s. shtml。

〔2〕 宋鲁郑：《未来五年美国为什么不是中国的威胁？——兼与郑若麟先生商榷》，载观察者网，https：//www. guancha. cn/SongLuZheng/2018_ 02_ 06_ 445955. shtml。

## 一、中国崛起是否会对美国产生威胁

中国作为一个西方文明之外的大国，其崛起是否会在意识形态和国家利益等方面对以美国为首的西方产生威胁，尚不明晰。对此，郑若麟认为，中国从主观上而言，几乎不愿意与任何国家为敌，中国历来奉行的都是合作共赢的和平外交。只是中国体量实在太大，在迅猛崛起之中必然会引发西方国家特别是美国的担忧。但宋鲁郑指出，特朗普作为一个政治经验缺乏的美国总统，其上任以来奉行的“美国优先”战略，使得美国不但主动放弃能够遏制中国的手段，而且还得罪了要想遏制中国所必须依靠的长期盟国，结果反而使中国获得了宝贵的战略机遇期。

## 二、美国是否会在核心利益领域挑战中国

目前中美之间利益和冲突交织并重，美国是否会在中国的核心利益领域对中国进行挑战，尚未明朗。郑若麟认为，台湾问题、朝核问题、金融问题、互联网问题以及“颜色革命”问题，是美国对中国构成实质挑战的核心领域，未来五年，美国会在这些领域中继续大手笔“做文章”，中美之间的直接冲突将逐渐表面化、全面化和激烈化。但宋鲁郑却认为，由于美国自身制度所造成的矛盾，美国不会选择和中国进行正面的激烈冲突。具体而言，一是因为美国政治体制的运行屈服于资本的压力，而资本家出于自身经济利益的考虑，不会允许美国与中国发生冲突；二是因为负责决策的政务官出于自身退休后的利益考量，也不会选择与中国进行对抗。因此，未来五年美国选择与中国进行全面对抗的可能性极小。

## 三、中国真正的挑战在其内部

尽管二人对于未来五年中国面临的外部压力有不同的看法，但他们

都认为中国真正的挑战在于其内部。郑若麟借用法国经济学家、政治家、战略学者克利斯蒂昂·圣·艾蒂安纳（Christian Saint-Etienne）在《21 世纪的战争与和平》中提出的观点，指出中国未来五年面临着六大挑战：（1）中国民众对致富与社会正义的要求，（2）中国人口老龄化，（3）恶性城镇化进程带来的问题，（4）获取中国经济增长所需要的原料、能源和技术，（5）与印度的竞争，（6）与伊斯兰世界必要的合作演变为敌对关系。前三个问题尤为关键。宋鲁郑也认为，对于大国而言，外部因素并不能决定其沉浮，内政才是第一位的。中国的内部挑战包括经济转型、国有企业改革、债务和金融风险、官僚体系在新形势下的惰政、贫富差距、人口老化、社保体系维系与提升、环境治理以及体制机制的进一步完善。只要中国将上述问题有效化解，那么外部的挑战就不足为惧。

（叶开儒整理）

# 关于中国和平崛起的争论与反思

**[编者按]** 改革开放以来，中国的和平崛起在全球范围内引发了激烈讨论。一方面，这些讨论为人们理性认识中国和平崛起、正确预判世界格局未来变化、维护世界和平与发展起到了积极的作用，对当代中国国际战略的理论与实践具有启发意义。电子科技大学马克思主义教育学院的宋婧琳、张华波发表文章《国外学界对中国和平崛起的争论与反思》,[1] 梳理了国外学界三十年来对中国和平崛起的争论与反思。另一方面，国内学者也开始思考中国和平崛起的世界意义。复旦大学中国研究院研究员、春秋发展战略研究院研究员李世默发表《软实力的兴衰》一文，从“软实力”的角度分析了中国和平崛起的前景与意义。两篇文章分别刊于《国外理论动态》和美国《外交政策》杂志。

## 一、国外学界：从主观臆测到理性反思

国外学界普遍认为，当前“一超多强”的金字塔式国际体系是世界史进程中最稳定的国际组织结构，而国际体系的稳定是国际社会整体安全的保障。因此，他们尤其关注可能打破这一稳定结构的力量主体，即在全球化中崛起的大国。中国脱颖而出，成为国际政治研究领域新的研

---

〔1〕 宋婧琳、张华波:《国外学界对中国和平崛起的争论与反思》，载《国外理论动态》2018 年第 4 期。

究热点。

随着中国的国际战略由“韬光养晦、有所作为”转变为“奋发有为”，国外学者的争论分为两个阶段。第一阶段的第一场争论发生在中国改革开放初见成效的20世纪90年代至本世纪初。这场争论围绕“中国是否会抛弃韬光养晦的国际战略”而展开。该时期国外学界普遍将中国定位为致力于融入既有国际体系的新兴发展力量，着重关注中国的经济发展前景和国际战略转向。第一阶段的第二场争论发生在中国紧追美国成为世界第二大经济体前后。这场争论围绕“中国崛起是否威胁西方各国的发展”而展开。这个时期国外学界主要从中国崛起的经济影响出发，将中国看作现有国际秩序的潜在挑战者，臆测其国际战略的威胁性和发展趋势。

第二阶段的第一场争论发生在中国国际战略转向“奋发有为”之初。这场争论围绕“中国是否会在21世纪称霸”和“中国经济是否会走向崩溃”而展开，是西方学者对过去一些学者所宣扬的“中国称霸论”和“中国崩溃论”的集体反思。这个时期国外学界从内外条件、共治理念、可持续发展等角度，尝试反思中国的内外发展境遇和国际责任，否定了中国在21世纪称霸的现实基础。第二阶段的第二场争论发生在中国不断提出并实践国际战略新理念之后。国外学界围绕“中国的国际战略新理念是否可行、是否将给世界带来积极影响”展开争论。这个时期，国外学界已不再囿于中国是否称霸等既往争论，而是在肯定中国大国地位的基础上，通过分析中国国际战略的布局、实践、成效，反思其动机、性质、影响和未来发展。

相比之下，在第一阶段，中国外交政策不够透明、国际定位不够明确且尽可能搁置争议，使得有关中国的素材较少，国外学者只能根据经济数据和刻板经验来臆测中国的战略动机和影响。而在第二阶段，中国的素材不断丰富，国外学界开始在对既往臆测的反思中展开新的争论。

## 二、国内学者：中国和平崛起——未来的新型软实力

“软实力”一词最早由美国政治学家、前政府高官约瑟夫·奈在《外交政策》杂志上提出。“软实力”概念的发明和运用，助力美国巩固世界领导地位，其内容实质是美国版本的自由主义理念。冷战结束后二十年，美国的软实力深刻地改变了世界面貌，许多国家放弃了本国原有的政治和经济体制，转型成为与自由主义价值观相一致的新政权，以至于福山提出的“历史终结论”获得了极大推崇。但结合过去二十年的历史和当今世界发展趋势来看，美国和欧盟建立的软实力帝国正在崩塌。李世默认为，其中关键的原因在于，西方软实力包含的具体价值和制度建构并没有使向其学习的国家最终受益。那些通过自我改造，使本国与西方所欲所求完全一致的国家，最终都不可避免地遭遇结构性困境乃至衰落瓦解。

李世默指出，软实力背后都以硬实力作为支撑，软实力永远是硬实力的延续与衍生。西方对软实力的效用与合法性抱有极大的信心，以至于愿意动用硬实力来促成软实力。在这种狂妄自大的心态作用下，美国着手对二战后的国际秩序进行重大修订，它已不满足于自己作为世界唯一超级大国的地位，想要攫取不受限制的全球霸权。但随着新科技的发现和内部反抗势力的崛起，西方的软实力不可避免地走向衰落。近几十年来，在互联网和社交媒体的化合作用下，一方面，西方的软实力多次在颠覆政权、肢解国家的“颜色革命”中扮演重要角色；但另一方面，当其敌对国家也掌握这些技术时，西方国家却采取双重标准，这一做法无疑会损害其软实力。此外，包括资本主义核心国家在内的许多国家在政治和经济上都遭遇了结构性困境，这进一步削弱了其内部对自由主义价值的信念。

当今时代是一个硬实力的时代，以西方为代表的软实力正逐步消亡，构筑新型软实力的希望在于中国的和平崛起。李世默认为，过去几个世

纪，世界完全以硬实力作为游戏规则，导致人类蒙受了巨大痛苦，因此回归一个完全靠硬实力说话的世界是危险的。而在西方软实力风头强劲的年代，中国是唯一一个“逆流而动”的国家。中国坚定地拒绝成为后冷战时期软实力的附庸，但却迎来了人类历史上前所未见的大规模高速增长。与此同时，中国遵循和平崛起的原则，尊重世界各国在发展道路上的选择，并通过发起“一带一路”倡议推进其他国家的基础设施建设，这种更具包容性和互利性的软实力，才能造就一个和平的未来。

（姚无铭、叶开儒整理）

# 关于“上合组织”的讨论

[**编者按**] 2018年6月9日至10日，上海合作组织青岛峰会举行。这是中国第四次作为轮值主席国举办上合组织峰会，也是该组织扩员后举行的首次峰会。围绕本次峰会，国内学者就上合组织的发展路径及其对欧亚地区战略稳定和全球治理的重要意义进行了广泛讨论。学者普遍认为，此次青岛峰会标志着上合组织发展到了一个新的阶段，在这样一个新的阶段中，成员国应精准谋划，激发上合组织未来发展的新动能。

## 一、青岛峰会标志着上合组织发展到新阶段

第一，合作领域不断扩大，合作机制日益完善，成果丰硕。

中国上海合作组织国家研究中心秘书长、中国国际问题研究院研究员邓浩认为，上合组织在政治、安全、经济和人文等领域建立了全方位、多层级的合作机制，有效地维护了成员国经济社会稳定。[1] 在合作成果方面，外交部发言人耿爽称，青岛峰会是历届上合峰会中成果最多的一次。[2]

---

〔1〕 邓浩：《新时期上海合作组织面临的形势和任务》，载微信公众号“当代世界”，2018年6月11日，https：//mp. weixin. qq. com/s/u2IyZZ0LWwU4cEa4A-7m4g，最后访问日期：2018年7月9日。

〔2〕 外交部发言人办公室：《耿爽谈上海合作组织青岛峰会亮点》，载微信公众号“外交部发言人办公室”，2018年6月11日，https：//mp. weixin. qq. com/s/LdRMEcgPPibJRV6QO9la5w，最后访问日期：2018年7月9日。

第二，组织规模壮大，在区域和全球治理中地位愈发重要。

在邓浩看来，上合组织已成为欧亚地区最大的国际性组织，影响力和辐射力显著增强。中国国际问题研究基金会高级研究员、国际自然和社会科学院院士俞邃表示，在贸易保护主义抬头的大背景下，“上海精神”获得了广泛认同，上合组织在全球治理中走在了前头。[1] 外交学院院长助理、上海合作组织睦邻友好合作委员会理事高飞认为，“上海精神”倡导的新型国家关系模式是超越差异、全面合作的典范，为地区和平与发展做出了新贡献。[2]

第三，国际形势深刻变化，上合组织迎来发展新契机。

邓浩指出，上合组织在内外两个维度上都面临着机遇和挑战。首先，美国对中俄的遏制战略导致地区形势更加复杂，也倒逼中俄密切联系；其次，印巴加入促进了地区融合互通，但也在组织区域定位、运行机制和功能建设等方面构成考验。中国社会科学院俄罗斯东欧中亚研究所研究员庞大鹏认为，欧亚经济伙伴关系的构建将对上合组织发展产生积极影响。[3]

## 二、成员国应精准谋划，激发上合组织未来发展新动能

第一，要明确区域性国际组织定位，确立中长期战略目标。

邓浩表示，新形势下上合组织是以中亚为中心、以中亚周边为外延的欧亚地区组织，其中长期战略目标是“两个构建”（构建新型国际关系

---

〔1〕 俞邃：《上合组织堪称全球治理范本》，载“环球网·评论”，2018年6月28日，https://m.huanqiu.com/r/MV8wXzEyMzY5MTIxXzMwOV8xNTMwMTc2MDQw? from = gRoupmessage，最后访问日期：2018年7月9日。

〔2〕 蔡如鹏、栗裕：《上合组织开创区域合作新模式》，载微信公众号“中国新闻周刊”，2018年6月10日，https://mp.weixin.qq.com/s/aDQ6hl549tA87KV8tYr1uw，最后访问日期：2018年7月9日。

〔3〕 庞大鹏：《欧亚经济伙伴关系的构建及其对上海合作组织发展的影响》，载微信公众号“当代世界”，2018年6月12日，https://mp.weixin.qq.com/s/apUBjQsrUOygHAvJNkGg6Q，最后访问日期：2018年7月9日。

和构建人类命运共同体）。在俞邃看来，上合组织是联合国全球治理的得力帮衬。庞大鹏也认为，上合组织应在维护欧亚和全球安全、促进经济合作与人文交流等方面发挥作用。

第二，要完善组织依据和机制，发挥对接协调功能。

邓浩指出，上合组织改革的重点是完善其基础法律体系和加强常设机构权责。在对上合组织协调功能的认识上，庞大鹏主张，上合组织要对接成员国宏观发展战略；而中国现代国际关系研究院院长季志业则认为，上合组织应对接各国发展理念、路径和速度。[1]

第三，继续秉持“上海精神”，突出合作重点、拓宽合作领域。

邓浩认为，未来成员国应以“上海精神”为基本指引，使上合组织发展成为实现“两个构建”的战略平台。俞邃表示，上合组织应以安全、经济和人文三大领域为合作重点。而庞大鹏和《南方周末》记者姚忆江则看到了上合组织扩大国际交往和合作的职能，[2] 庞大鹏认为上合组织是中国在国际舞台的重要战略依托。

（余先发整理）

---

〔1〕 季志业：《青岛峰会标志上合组织发展到新阶段》，载微信公众号“中国现代国际关系研究院”，2018年6月12日，https：//mp. weixin. qq. com/s/XB6klyWK4cJX0J_ XKVyjag，最后访问日期：2018年7月9日。

〔2〕 姚忆江：《上合组织再定位》，载微信公众号“南方周末”，2018年6月14日，https：//mp. weixin. qq. com/s/TnNKa1bBlaTP7lQmgFKtIA，最后访问日期：2018年7月9日。

# 聚焦金砖合作

**[编者按]** 2018年7月26日，金砖国家领导人第十次会晤在南非约翰内斯堡举行。金砖国家合作自2006年正式启动以来发展迅速、成绩斐然。《当代世界》2018年第8期聚焦金砖合作发表多篇文章。三位学者分别从金砖经济合作的实践进程、金砖国家新开发银行制度建设的政治逻辑以及金砖国家人文交流机制建设的角度出发，分析讨论了金砖合作未来的发展方向。

## 一、金砖经济合作的实践进程

外交学院国际关系研究所教授卢静聚焦经济合作领域，认为新形势下推进金砖经济合作，必须从金砖经济合作的实践进程出发，找到其合作的动力来源。[1]

第一，金砖经济合作的动力主要来自发展共识与互补优势、外部机遇与主动作为、制度构建与创新演进、集体行动与务实成效。其一，发展共识与互补优势是推动金砖经济合作的基础。金砖国家都有寻求经济稳定增长和经济社会全面发展的共识，在资源禀赋和产业结构方面也具有较强的互补优势。其二，外部机遇与主动作为是推动金砖经济合作的条件。金砖国家充分利用国际环境变化带来的机遇主动作为，既有助于改善不利的外部环境，也助推了自身合作迈向新阶段。其三，制度是金

〔1〕 卢静:《金砖经济合作的动力：实践经验与未来前景》，载《当代世界》2018年第8期。

砖经济合作的重要保障，以制度创新为核心的制度演进是金砖合作的重要动力来源。其四，集体行动提升了金砖国家的国际影响力，而集体行动取得的务实成效是金砖合作的新动力。

第二，新形势下推动金砖经济合作需把握三个着力点。其一，适时调整身份定位，将金砖国家打造成全球治理的积极参与者和贡献者，开辟金砖经济合作更广阔空间。其二，构建包括政治、安全、经济、人文等各领域合作制度在内的均衡协调的制度网络，提高金砖经济合作的保障体系。其三，提高集体行动力，在行动中增强金砖影响力。

## 二、金砖国家新开发银行制度建设的政治逻辑

复旦大学国际关系与公共事务学院副教授朱杰进从金砖国家新开发银行制度建设的政治逻辑入手，指出金砖合作制度建设的一条重要经验就是要抓住国际体系结构变动带来的战略机遇。[1]

第一，国际金融危机之后，发展中大国相对实力上升，在世界经济格局中的地位变得日益重要，但大多数发展中国家仍然面临着基础设施投融资的困境。发展中国家对基础设施融资的强烈需求成为推动国际金融体系改革的结构性压力。以 G20 为代表的全球经济治理机制虽然关注了基础设施投资议程，但缺乏执行力，这就使得金砖国家下定决心要寻求新的基础设施融资渠道。

第二，世界银行在金融危机之后做出了一些改革，但未能实现其预期改革目标。其原因在于发达国家改革意愿不强，尤其是当其国内政治和选举等因素与国际制度改革发生矛盾时，发达国家通常将国内政治置于国际制度的改革之上。这些因素削弱了发达国家主导的传统多边开发银行的合法性，从而为新兴经济体创建自己主导的新型多边开发银行打下了政治基础，为金砖国家新开发银行的创建提供了政治驱动力。

---

〔1〕 朱杰进：《金砖新开发银行制度建设的政治逻辑》，载《当代世界》2018 年第 8 期。

## 三、人文交流合作领域

中国社会科学院世界经济与政治研究所国际政治经济学研究室主任、副研究员徐秀军则关注人文交流合作领域，认为人文交流与合作是金砖国家合作的短板，必须加强金砖国家人文交流机制建设，夯实人文交流合作的制度基础。[1]

第一，人文交流在金砖国家合作中具有重要作用。其一，人文交流合作与政治合作和经济合作共同构成金砖国家合作的三大支柱。其二，人文交流在金砖国家合作中发挥基础性作用。其三，人文交流是深化金砖国家务实合作的必然要求。金砖国家在一些难以推进的合作领域，彼此之间往往存在较大的分歧，需要通过相互交流化解分歧，凝聚进一步合作的共识。

第二，与其他领域的合作相比，人文交流仍是金砖国家合作的短板。其一，人文交流与合作的进程缓慢。人文交流与合作投入大、见效慢。在合作初期，金砖国家不得不将有限的资源主要投入到政治外交和经济金融等领域。其二，文化与文明的优势互补有待挖掘。金砖国家文化与文明各有特色和优势，互补性强，为相互学习和借鉴提供了基础。其三，人文交流的约束因素日益凸显。金砖国家文化、宗教信仰、价值观都不尽相同。随着交流与合作的快速推进，文化与文明之间的分歧与摩擦也会随之加速显现。

第三，人文交流机制建设的潜力有待挖掘。其一，人文交流机制建设缺乏顶层设计，导致有限的资源得不到有效利用和整合。其二，人文交流机制间的协调性不足，导致效率低下，产生内耗。其三，人文交流机制的约束力与执行力较弱，使得合作成果缺乏有力措施加以落实。

第四，全方位推进金砖国家人文交流机制建设。其一，发挥政府在

---

〔1〕 徐秀军：《金砖国家人文交流机制建设：作用、挑战及对策》，载《当代世界》2018年第8期。

机制建设方面的引导作用。加强机制建设的顶层设计，发挥政府强大的协调能力，为其他参与主体创造良好的合作环境和氛围。其二，促进民间交流机制的发展。发挥民间社会团体的能动性，使人文交流与合作逐步变成机制化的民间自发行为。其三，优先进行教育交流、文化交流和青年交流等人文交流重点领域的机制建设。将有限的资源投入到那些能够有效促进相互了解和信任以及推进各国社会发展与进步的领域。其四，发挥智库的智力支持作用。

（姚无铭整理）

# 新时代的中非合作

**［编者按］** 2018年9月3日至4日，中非合作论坛北京峰会举行，中非关系和中非合作再次成为媒体及学界的焦点。一方面，国内学者就“一带一路”倡议背景下中非合作的现状和风险展开讨论，并对中非合作的新定位及前景进行了集中阐述。另一方面，伴随着中非在经济、政治、文化等领域合作的不断加深，西方政客和部分媒体主导的中国“新殖民主义”论调甚嚣尘上，这极大地影响了中国在非洲的形象。为此，国内学者发表文章做出回应。文章指出，这种居心叵测的故意抹黑无论从理论上还是实践上，都是站不住脚的，同时也不得到非洲国家及其人民的接受。中非关系正在全面健康有序地发展，在真实亲诚理念和正确义利观的指导下，走出了一条超越西方国家传统殖民主义或新殖民主义的新型国际关系道路。相关文章刊于《当代世界》杂志2018年第5、10期。

## 一、非洲是“一带一路”建设的前沿阵地

中国社会科学院西亚非洲研究所研究员、南非研究中心主任姚桂梅将中非关系置于“一带一路”倡议的背景下进行讨论，她认为非洲是

“一带一路”建设的前沿阵地，推进中非合作既是机遇也是挑战。[1] 在她看来，只要中非直面挑战和风险，抓住机遇，及时防范，中非共建“一带一路”就必将迎来广阔天地。

第一，中非共建“一带一路”面临五大风险。一是政局动荡，尤以埃塞俄比亚、尼日利亚为重；二是本币贬值，这将对中国企业经营产生较大影响；三是债务违约，非洲国家将在 2020-2025 年间进行大量还款；四是恐怖袭击和安全风险威胁中国资产和人员，制约着中非合作提质升级；五是国际竞争风险，东非国家将成为竞争的主战场，中非合作难度增大。

第二，2018 年中非合作论坛北京峰会将开启中非共建“一带一路”的光明前景，中非应共同布局风险防控。其一，尽快缔结和更新双边投资保护协议，以法律手段规避政治和商业风险；其二，加强安全领域合作，推动民间和官方安保力量走进非洲；其三，加快人民币国际化步伐，防范汇率风险；其四，创新投融资模式，援助和投资相结合，降低债务风险；其五，突出优势，加强对非交流，通过国际合作化解竞争风险。

## 二、非洲和平安全面临新挑战

上海国际问题研究院外交政策研究所所长、研究员张春重点关注非洲安全挑战的嬗变及应对。[2] 他认为，非洲和平安全面临新挑战，中国要应势而变，在对非合作中创新国际安全公共产品供应的理念和方式。首先，非洲安全态势正进入一个新时期，非洲面临的和平安全挑战出现了六个方面的新变化。一是传统安全威胁大幅下降，暴乱等社会性安全

---

〔1〕 姚桂梅：《中非共建“一带一路”：进展、风险与前景》，载微信公众号“当代世界”，2018 年 10 月 19 日，https://mp.weixin.qq.com/s/F0m2cqA1jj_5KA_8YLY0sQ，最后访问日期：2018 年 11 月 17 日。

〔2〕 张春：《新时期中非和平安全合作：创新国际安全公共产品供应》，载微信公众号“当代世界”，2018 年 10 月 17 日，https://mp.weixin.qq.com/s/T-QI940dPYUAlvDHeFRY6A，最后访问日期：2018 年 11 月 17 日。

挑战迅速上升，后者更为复杂、更难以解决；二是选举中的“输家政治”（politics of loser）从“逢选必乱”朝“胜者烦恼”转变，对国家治理形成长期影响；三是族群矛盾从暴力对抗转向和平分裂，危及非洲国家团结统一，可能形成扩散效应；四是非洲对自身安全事务的自主意识上升，将推动非洲安全伙伴关系发生结构性转变；五是人口增长带来巨大人口压力，加剧贫困、饥饿等社会问题；六是美英法等西方大国对非政策军事化态势强化，将加剧非洲和平安全治理的难度。其次，基于和平安全挑战的新变化，中非合作有诸多创新和改进空间。其一，秉持发展优先、可持续和当地化理念，未来需加强理论与实践总结，将其上升为哲学指导；其二，在合作方式上，平等对待非洲各国，坚持联动式和机制化治理，下一步需优化中非和平安全合作的战略优先次序、完善体制机制，提高政策落实效果。

中国社会科学院西亚非洲研究所编审安春英也认为，非洲近年来的热点安全问题爆发烈度和范围有所收缩，但仍面临社会动荡、恐怖主义袭击、族群冲突、海盗犯罪、粮食供应短缺、公共卫生安全体系等非传统安全领域的问题。应对这些问题，既需要非洲自身的努力，同时也要求外部国际合作。中非是“利益共同体”“命运共同体”，中国在中非安全合作中，应发挥特有的作用。安春英提出，中国应继续从四个方面参与并推进非洲安全治理。其一，提请联合国关注非洲安全议题，并参与联合国在非洲地区的维和行动；其二，依托特使机制，参与非洲危机管理；其三，帮助非洲提升自身安全能力建设；其四，以发展促和平，推进双方共赢的经济与减贫合作，加快发展，改善民生，夯实社会稳定和谐的基础。同时在中非安全领域的合作中，中国还应关注三个方面的问题：一是在与第三方合作时宜求同存异，力求达成三方合力；二是要发出“中国声音”，体现“中国智慧”与“中国贡献”，维护非洲在解决地区和平与安全问题方面的主导权；三是在合作中应理性研究判断对非安全合作的机遇与挑战，吸取美国由于全球战略过载和战略透支导致其在地区安全利益受损的教训，处理好道义、责任和能力的关系。[1]

## 三、建设中非知识生产与创新共同体

云南大学国际关系研究院教授、非洲研究中心主任张永宏以及云南大学国际关系研究院洪薇、赵冬则从南北、南南技术转移和知识流动的视角来审视中非关系。[2] 在他们看来，中非合作面临共建“一带一路”带来的重大机遇，中非有必要从技术转移、知识流动正反两个方向上加强中非知识生产与创新共同体建设。

第一，全球性问题和新兴经济体研发能力的增强正改变着南北、南南技术转移的现状，中国成为南北、南南技术转移的媒介和桥梁。在“发达国家—中国—非洲国家”技术转移的链环中，中国位居正中，是连接发达国家和广大发展中国家的“二传手”。

第二，中国是南北、南南知识流动反向链环中的新兴“动力源”，中国在推动技术由北向南传递，也在拉动知识由南向北流动。中非合作的实质是构建中非知识生产与创新共同体，正向上要紧扣非方需求、加强对非技术转移，反向上要统筹中非科技合作、知识共享与国家创新体系建设。

## 四、中非经贸关系不是“新殖民主义”

中国社会科学院研究生院马汉智、中国社会科学院大学首席教授程恩富在《中非经贸关系不是“新殖民主义”》一文中指出，中非在经贸领域是基于国际规则的互利互惠的平等合作关系，绝不是搞不平等、剥

---

〔1〕 安春英：《非传统安全视阈下的中非安全合作》，载《当代世界》2018年第5期。

〔2〕 张永宏、洪薇、赵冬：《中非知识生产与创新共同体的双向建构——基于南北、南南技术转移、知识流动链环结构的视角》，载微信公众号“当代世界”，2018年10月19日，https：//mp. weixin. qq. com/s/4OoRxD-zPBDIQnGVlhIzWQ，最后访问日期：2018年11月17日。

削性质的新殖民主义。中国在非洲进口原油时，并没有像西方国家一样以高价向非洲国家出口成品油而从中赚取丰厚利润，而是通过大份额的投资和贸易发展非洲采掘业和基础设施，提升非洲自主发展的能力，使非洲摆脱西方石油巨头剥削的进程加快。另外，在西方国家财政吃紧的现状下，中国市场有力地保障了非洲产油国资源经济价值的实现。与此同时，中国与非洲进行了互补型的贸易往来，向非洲人民提供物美价廉的中国制造的商品，改变了非洲国家长期以来对西方国家价格高昂的工业制成品的依赖。

关于对中国“新殖民主义”的批评虽然是子虚乌有，但其提醒着中非合作应进一步深化，合作政策应进一步完善。中国应当继续加强与非石油和非原材料的投资、技术转让和贸易以及教育、科学、文化、卫生等领域广泛的深度合作，使非洲老百姓、企业家和政治家受益更多。尤其是积极创办由非洲国家政府参股和中国国有企业控股的石油开采和加工等多领域的合资企业，将以人民为中心的发展思路和做强、做优、做大国有企业、国有资本这两个先进价值观和经济模式优点贯彻到国际经济交往中，以便形成中非人民国际经济合作的新路和新模式。[1]

（叶开儒、余先发整理）

---

〔1〕 马汉智、程恩富：《中非经贸关系不是“新殖民主义”》，载《当代世界》2018年第5期。

# 作为思想对象的二十世纪中国

［**编者按**］ 20世纪是建构现代中国的世纪。20世纪的中国既承受共时性的竞争压力，又面临着历史传承和革命建设的历时性挑战。如何思考处在古今中西四维枢纽的20世纪中国，如何建立起20世纪中国与当代思想和实践的有机联系，从而为走向未来指明前进的方向，是一个未尽且亟待我们思考的命题。为此，清华大学人文学院教授汪晖发表文章《作为思想对象的二十世纪中国》，试图将20世纪以及20世纪中国建构为思想对象，并在与之对话中形成关于20世纪遗产的独特思考。文章分为上、下两部分刊载于《开放时代》杂志2018年第5、6期。

## 一、薄弱环节的革命与20世纪

### （一）20世纪的概念

将20世纪建构为思想的对象，意味着不再只是将这一时代作为当代价值观和意识形态的注释和附庸，而是通过对象的解放，重建我们与20世纪中国的对话关系。汪晖指出，20世纪的概念并不只是一个分期概念或时间刻度，而是历史行动者对于当下时势的把握、对于行动根据的判断。因此，对于我们而言，20世纪中国就不仅是我们研究的对象，同时也是我们审视自身、审视历史和未来的视野。

### （二）“世纪”的意义

“世纪”是一个新的时间概念，它意味着旧的时间概念的终止；它和过去一切时代的区分不是一般时间上的区分，而是对一个独特时势的把握。在汪晖看来，无论是王朝纪年、黄帝纪年或孔子纪年等传统中国的时间序列，还是18世纪、19世纪和20世纪的西方时间序列中，都不可能自然地衍生或发展出20世纪，对于20世纪的历史叙述需要采用一种颠倒的方式加以理解：20世纪不是其前史的结果，而是其前史的创制者。之所以这样认为，是因为对于中国而言，无所谓19世纪，而只存在将欧洲19世纪作为楷模的变革方案和思想习惯；但是在面对20世纪新的全球地缘政治格局时，中国却作为在场者产生了一种截然不同的对抗性构想，以介入这个正在为金融系统、大型工业组织和军事体系所控制的不确定未来。

### （三）“短二十世纪”的开端

相比于英国历史学家霍布斯邦（Eric Hobsbawm）将“短二十世纪”的开端定位于1914年第一次世界大战爆发，汪晖教授认为，“短二十世纪”的开端应该始于1905年到1911年之间。在汪晖看来，霍布斯邦指出了20世纪与苏联的历史重叠，但他对于这一国家的历史内涵的追溯并不充分。倘若要从中国的角度探讨20世纪，就必须从中国的历史内涵的分析入手。另一方面，从空间上说，霍布斯邦的“短二十世纪”主要是在欧洲的视野中形成的，没有考虑全球权力中心的移动对于全球及其不同地区的巨大影响。为此，汪晖引用毛泽东的说法，将中国1840年以降的历史直接纳入帝国主义干涉的进程，因为恰恰是在这个进程中，欧洲和全球政治局面也在发生着剧变。也正因为如此，在理解20世纪帝国主义的全球体系时，也必须从中国乃至亚洲的殖民问题入手，这也是20世纪区别于以往世纪的关键所在。

（四）“薄弱环节”

中国革命与“短二十世纪”的起点位于非均衡的帝国主义体系中的“薄弱环节”。汪晖指出，“薄弱环节”不仅指统治秩序的脆弱之处，也指突破其体系的可能性，这尤其体现在多强竞争格局造成的国内分割为国内革命提供了“薄弱环节”，从而为革命力量的形成提供了契机和空间。因此，“短二十世纪”的诞生需要从对“薄弱环节”的探寻开始，而“薄弱环节”只有置于对革命契机的探寻中才能被指认。从探寻革命契机的角度看，不是旧的欧亚地缘争夺，而是亚洲地区的新格局（尤其是日本的崛起及其对俄国胜利）造成的革命形势，不是帝国主义战争，而是这些战争所触发的、以上述系列革命为标志的“亚洲的觉醒”，构成了“短二十世纪”的多重开端。

## 二、空间革命、横向时间与置换的政治

（一）空间革命

汪晖认为，20 世纪的革命与反革命发生在空间革命的条件之下，发生在世纪的多重时间的共时关系中，其重复与置换的政治常常是横向的时间关系的主题，因此需要对置换后的概念或范畴的政治性展开过程进行分析，理解它们真正的内涵、力量和局限，从而通过它们理解 20 世纪中国的独特性。20 世纪的政治及其历史含义通过翻译或转译而来的概念作为构筑和解释历史图景的基础范畴，话语体系与社会条件之间常常存在错位。汪晖用“封建”一词的误用以及非西方世界寻求“无产阶级”替代物的事例说明重复与置换的现象发生在所有范畴上，革命与反革命的双方无法简单按照 19 世纪或者古典词根给予说明，20 世纪中国的许多范畴和主题都是对 19 世纪欧洲的重复，每一次重复也是一种政治性的置换，这些概念重组了历史叙述，也打破了旧叙述的统治地位，从而为新

政治的展开铺垫了道路。

### （二）时间革命

如果说空间革命为置换的政治提供条件，那么时间革命则在新思想及其指导下的运动内部产生了自反的或自我否定的政治。20 世纪的中国既是“漫长的 19 世纪”的延伸或衍生，又内在地包含了其对立面和否定物。这一自反的或自我否定的逻辑并不仅仅是晚清思想和革命纲领的特点，而是在整个 20 世纪的不同时期、不同事件中也以不同的形式若隐若现。从新文化运动、抗日战争时期对“五四”文艺内涵的荡涤，展现出 20 世纪中国政治的未来性。20 世纪的政治同时包含了“尚未”的两重意义，未来既以一种尚未完成但方向明确的形式呈现在革命和变革的方略和进程之中，又以一种强烈的方式向未知或“尚未意识”敞开，即运动的领导者或参与者都无法对运动本身作出清晰的规划，但他们同时承认现实进程蕴含着尚未意识到的内容，从而只有在实践中向尚未意识的“未来”敞开。

### （三）反抗绝望与胜利的哲学

汪晖认为，鲁迅的“反抗绝望的文学”与毛泽东的“胜利的哲学”都体现了对“尚未成为”和“尚未意识”的意识和探索，20 世纪中国的政治化与去政治化通过与中国革命的内在视野对话而形成对于重新政治化的契机的探索，因此他试图从历史进程摸索“尚未成为”和“尚未意识”的政治潜能。汪晖总结道，20 世纪以“尚未成为”和“尚未意识”的双重形态存在于今天的世界，这是人们重新转向乌托邦主义以探寻未来的起点。重新政治化需要价值与理念，是一个主体持续形成的现实过程。在 20 世纪，这一过程是与革命力量通过对世界的重新认知，将自身投入矛盾运动内部以寻求制胜的战略、策略——在具体局势中行动的方式——密切联系在一起的。

（叶开儒、李玥整理）

# 陆地和海洋，理解大国博弈与世界秩序的新视角

［**编者按**］ 近年来，以美国为主导的西方自由主义秩序相对衰落，与此同时，中国日益在国际舞台上扮演着更为重要的角色。这不仅是实力间相互对比的变化，也不仅是两种文明的碰撞，更意味着全球空间格局的变化。如何重新理解大国博弈背后的地缘政治因素，不仅关乎中国未来的道路选择，而且也决定着未来全球格局的划分。对此，北京大学法学院教授强世功在中国人民大学举办的“政治：中国与世界论坛2018”暨“当代世界思潮与中国政道传统”研讨会上发表了《地理与法权——麦金德与施米特论帝国间的冲突》一文，试图通过回溯20世纪的大陆国家与海洋国家斗争的历史，重新理解当代世界的大国博弈与全球秩序。〔1〕

## 一、帝国的概念

相比于“国家”，“帝国”是一个理解现实政治更好的概念，当代国家间的斗争是以“帝国”的形式展开的。在强世功看来，18世纪欧洲的启蒙思想家都是以“主权国家”的建构作为政治想象的，因而他们无法

〔1〕 强世功：《地理与法权——麦金德与施米特论帝国间的冲突》，载观察者网，http：//m. guancha. cn/QiangShiGong/2018_ 06_ 24_ 461159. shtml？ from = timeline&isappinstalled = 0，最后访问日期：2018年7月3日。

理解像中国一样的东方传统帝国，只能将其归为“专制国家”。但事实上，“帝国”这一概念是与广阔的地域联系在一起的，帝国的正当性基础在于地理，而非权利。所以，“国家”是理论建构的产物，而“帝国”则是现实政治生活中真实的存在，当代国际秩序本质上是大国间博弈的产物。

## 二、在大陆与海洋之间寻求平衡

在全球地缘战略的格局下，1949 年以来，中国一直努力在大陆与海洋之间寻求平衡，这种平衡也直接关系到世界和平。强世功认为，国共两党的不同意识形态背后体现了不同的地缘战略，前者选择的是大陆国家路线，后者选择的是海洋国家路线。但 1949 年以后，虽然中国选择了与苏联结盟成为一个大陆国家，但是始终保有同时成为海洋国家的想法。1972 年尼克松访华，正是中国加入海洋世界的开始。但倘若中美贸易战不断升级，中美关系最终走向破裂，中国将重新与俄罗斯建立密切关系，这对全球地缘格局的影响将不亚于 1972 年尼克松访华。

## 三、麦金德与施米特：对“国际联盟”的不同理解

英国思想家麦金德提倡的“国际联盟”，在德国思想家施米特看来，将会摧毁欧洲文明主导的国际法体系，最终将世界推入虚无主义的深渊。强世功解释道，在麦金德的思想中，核心是力量与力量之间的对抗与平衡，国际联盟意味着陆地国家与海洋国家的对峙与均衡，从而可以维持世界和平。但是在施米特看来，陆地与海洋不是两种等量齐观的自然力量，因为人作为大地的动物，只有在陆地上的生存才有规范意义，而海洋乃至太空则意味着规范和意义的丧失。任何脱离地理空间、仅凭技术设计的全球秩序注定只会走向虚无主义。

## 四、麦金德与施米特的思想遗产：批判与超越

中国要成为一个负责任的大国，构建人类命运共同体，就要在理解人与自然关系上超越西方技术主义的思考，重新将人与技术的关系放在对大地、历史、规范和文明的基础上，这正是我们应该重视麦金德和施米特思想遗产的意义。在强世功看来，施米特的思想中隐含了对英国工业革命的批判。工业革命的爆发是英国成为海洋国家的结果。英国选择了海洋，也就选择了一个没有意义、只有技术的世界，而后来的美国也继承了英国的政治和思想遗产。在这个意义上，中国要想给世界带来不一样的图景，需要做的不仅是继承与模仿，更是批判与超越。

（叶开儒整理）

# "空间革命"与世界历史的"麦金德时代"

[编者按] 一个全球性大国的崛起必然伴随着全球性的思考。近年来随着中国崛起对美国主导的世界格局的冲击，中国面临的国际压力也日益加剧，国际争端、国际制裁乃至军事冲突的背后，不仅是政治、经济抑或文明之间的博弈，更是基于地缘生存空间的争夺。如何理解世界历史中全球地缘政治的演变以及中国在其中的位置，是我们下一步应对全球战略局势的关键。为此，北京大学法学院强世功教授在《开放时代》2018年第6期发表《陆地与海洋——"空间革命"与世界历史的"麦金德时代"》一文，借助英国地缘政治学者哈尔福德·麦金德（Halford John Mackinder）的分析框架，分析了历史和当下全球政治格局的地缘政治因素，并对中国崛起的地缘政治空间作出了判断。

## 一、麦金德的政治地理学

麦金德的政治地理学，是一种结合自然地理学和政治学的分析方法，以期揭示地理与人类政治活动的历史之间所具有的内在法则。强世功认为，麦金德的政治地理学实际上同时包含了上述两种趋向：一方面麦金德始终强调政治地理学的"自然地理学"基础，从而在地理学科的知识传统中定位政治地理学；另一方面麦金德的著作又具有很强的地缘战略意识，旗帜鲜明地用政治地理学为大英帝国以及西方文明主导的世界秩序服务。

## 二、大陆与海洋的二元空间

麦金德将全球地理空间划分为大陆与海洋的二元空间，并在此基础上思考政治地理学中的政治空间之间的相互关系，从而有别于西方中心的人文主义历史观。从这种分析框架出发，麦金德将欧亚大陆视为一个整体，并基于不同的地理环境将欧亚大陆分割为中间开阔的草原地带和濒海的平原地区——前者称为“心脏地区”，将后者称为“新月形的边缘地区”。这种独特的二元地理空间从根本上奠定了欧亚大陆二元政治空间格局最基本的政治支配关系，从而突破了原有的以希腊、罗马为中心的西方文明史观。

## 三、人类历史的三个阶段

基于“心脏地区”与“边缘地区”之间权力关系的不同，麦金德将人类历史分为三个阶段：前哥伦布时代、哥伦布时代和后哥伦布时代，而当今世界依然处于后哥伦布时代中。强世功指出，在前哥伦布时代，虽然“边缘地区”拥有相对于“心脏地区”的文明优势，但心脏地区却始终拥有对边缘地带的军事战略优势，因此西方世界持续不断地遭受来自欧亚大陆上亚洲东方世界的打击。但到了哥伦布时代，地理大发现将地球上的海洋连为一个整体，海洋相对于大陆获得了一个新的政治空间，从而在地理上抵消了“心脏地区”原有的战略优势地位，并使得欧洲人逆转了对亚洲人的政治劣势。而到了后哥伦布时代，整个世界已经完整地被西方人探险发现或占领征服，再没有新的地理空间需要被探险或占领，同时科学技术推动人类进入无线通信、铁路、飞机、飞艇和潜艇的时代，大陆成为一个整体并重新获得了与海洋世界相匹配的战略优势，人类历史终于迎来了陆地与海洋争夺全球领导权、建立“单一世界帝国”

（a single World Empire）的对决时代。

## 四、中国崛起与地缘政治

中国崛起必须清醒地认识到中国道路选择的地缘历史背景，尤其是需要放在陆地与海洋的关系，以及麦金德时代全球竞争的大格局中进行思考。强世功指出，中国历史，无论是古代历史，还是近代革命历史，乃至当今中俄关系和中美关系全部的问题，都是围绕麦金德时代的地缘政治问题展开的。尤其在处理中美关系时，我们必须放弃意识形态的幻想以及围绕价值观念形成的唯心主义的思想窠臼，认真对待美国的单一世界帝国战略，从自己特有的地缘环境出发，建构中国未来长远的发展战略。中国作为一个世界性大国的崛起不是简单的权势崛起，而是一种普遍主义文明形态的复兴。从这个意义上说，普遍主义哲学思考与人类命运的全球空间视野必须携手共进，构成中国思想复兴的重要组成部分。

（叶开儒整理）

# 《枢纽》：从世界发现中国

**[编者按]** 2017年底，外交学院世界政治研究中心主任施展的《枢纽——3000年的中国》（以下简称《枢纽》）出版，该书成为2018年现象级图书。作者对中国历史的研究与思考，从两点出发，一是打破中原中心论的史观，将中国历史还原为一个“多元互构”的体系史，去除对中国真实历史过程的遮蔽。二是在底层的运转逻辑层面上，找到多元亚区域彼此之间互构的深层机理和动力机制，在更实质性的意义上解释中国的“多元一体”性。[1] 施展通过重新梳理中国历史，定义了中国三千年来一直承担的世界角色——“枢纽”：中国，对内，是一个多元复合结构的体系；对外，是世界海陆秩序之间的枢纽。[2]

## 一、重建中国史观

施展强调，要关注更多的事实，注意许多被遗漏的历史事实，重构观念系统，重建中国史观，在此基础上重新理解中国，从时间和空间两个方向，用超大规模的要素做一个底层线索串联起来，找到一个统一连贯的解释框架。

---

〔1〕 施展、王剑利笔谈：《从“多元互构”的体系史看中国历史疆域的形成》，载微信公众号“施展世界”，2018年2月3日。

〔2〕 李清：《从过去看见未来 从世界发现中国》，http://hunan.voc.com.cn/article/201801/201801190854178068.html，最后访问日期：2018年3月10日。

从时间上看，施展用一种打通式的统一连贯的解释体系串联对过去和未来的理解；从空间上看，施展提出，今天的中国覆盖了中原、草原、西域绿洲、雪域高原、海洋等多重亚区域，这些亚区域的秩序逻辑又在历史演化过程中，不断互构，互为条件，互为解释，互为意义背景。中原与草原的历史因此就是互为解释的，脱离其中一方，对另一方的历史解释便极为残缺。在这样一个视角下，中国历史就不再是简单的中原历史的延伸，而是前述多元亚区域持续共生、互构的体系史。〔1〕正是通过这种连续性的历史解释框架，使得我们可能重新理解过去，有效理解我们所处的位置，更好地把握我们的未来。〔2〕

第一，施展用“新遭遇论、革命和建国”三个词表达《枢纽》的核心关切，并呈现三者之间内在的历史逻辑。施展认为，东西方遭遇之际就存在一个生机勃勃、不断变迁、多元多样的以中华文明为中心的东方世界，这种内在生机来自中国内部诸多亚区域之间的互动过程，它不但推动了古代中华帝国的演化，而且使得中国近代遭遇西方后与西方相互塑造、共同演化，这种遭遇一直持续至今；在“新遭遇论”大背景下考察中国革命，理解革命是东西方两个世界遭遇的历史的呈现；中国革命胜利的全部成果都要转化为一个国家的创制和创制过程的根本规范。

第二，施展解释在书中反复强调“中国的超大规模性”概念的原因。他认为，这个要素贯穿了从古代一直到当下的历史解释，中国的超级体量显然可以构成世界秩序中的自变量，其他国家将在超大规模国家这一自变量给定的框架下活动。

第三，施展认为，自己的研究方法偏向总体性的研究，带有历史哲学意涵，因此呈现某种历史目的论的气质，而他的总体性架构也是时代的需求。

---

〔1〕 施展、王剑利笔谈：《从“多元互构”的体系史看中国历史疆域的形成》，载“施展世界”，2018 年 2 月 3 日。

〔2〕 施展：《从〈枢纽〉理解中国》，http：//www. sohu. com/a/218940052_618422，最后访问日期：2018 年 3 月 10 日。

第四，施展认为，中国对内是一个多元复合的体系，对外是世界海洋秩序和大陆秩序之间的枢纽性的存在。这种内在的多元复合性质使它能够担负外在的海陆枢纽地位；中国在物质层面具有了世界影响力，但仍需要挖掘和打开精神自觉性。

## 二、“多元互构”的体系框架

施展认为，真正的中国历史是从“多元互构”的过程中展开的。他从多元互构的角度解释学界重视清王朝研究的原因，并且将中华民族共有精神家园的生成置于“多元互构”体系框架之中进行解释。[1]

第一，施展认为，要讲“何为中国”就要认识到，真正的中国历史是在一种远远超越于中原之上的“多元互构”过程中展开的。这一互构过程，使得“多元”历史性地演化为“一体”，同样，“一体”也必定内在地包含着“多元”，它决定着今天我们所看到的中国的基本样貌。这样一种深层历史逻辑的阐发，是我们能够恰当理解“何为中国”的基础。所以，对边疆问题的讨论，远不仅关乎边疆，更是我们现今讨论任何中国问题时必须预先理解的前提性问题。

第二，施展认为，从“多元互构”的体系史的逻辑出发，清朝是中国古代历史的完成形态，因此学界重视清朝，并以清朝前期的疆域为结果讨论中国历史疆域的形成。施展从制度经济学角度和东西方比较的视角分析，认为清王朝就是东亚大陆体系内部均衡的最高呈现——清代是古代中国经过不断试错，最终找到的对持久和平而言最好的秩序安排。清代所形成的中国国家形态，是中国历史演化逻辑的自然趋向。

第三，施展从两个向度分析清王朝如何进一步降低组织成本，以确保政治效率。一个向度是中国历代王朝的自我理解基于儒家所主张的“大一统”与“华夏之辩”，而“大一统”的关键在于中央政府是否能够

---

〔1〕 黄晓峰、丁雄飞、林文俣：《施展谈“新遭遇论”视野下的中国历史》，http：//www.thepaper.cn/newsDetail_ forward_ 1938519，最后访问日期：2018 年 3 月 10 日。

低成本地从社会中汲取财政资源，从而掌控直属中央政府的庞大军力；另一个向度是“大一统”王朝必须因俗而治。

第四，施展阐述了中华民族共有精神家园的生成脉络。多元亚区域人群基于自然空间的差异性，都有着自己独特的社会空间，并且从中可以形成自己特定的历史记忆。而内部均衡的“大一统”王朝统摄使得他们也拥有超越于特定记忆之上的共享历史记忆。共享的历史记忆有潜力从精神层面上吸收所有特殊群体的身份诉求，在一种普遍秩序中予其以安顿；而特殊的历史记忆，则构成了中华民族赖以获得生命力和活力的基础之一。我们所要追求的中华民族的共有精神家园，正是在这样一种历史逻辑、政治逻辑与社会文化逻辑的交互演化过程当中逐渐发展出来的。这些逻辑内在地要求我们，要珍视自身的特殊历史记忆，同样也要理解并尊重与自己不同的特殊历史记忆，在此之上才能形成整个中华民族共有的历史记忆。各种差异性相互协和、相互支撑，从而打造出我们的共有精神家园，形成中华民族深层次的精神凝聚力。

## 三、评价褒贬不一

外界对施展的《枢纽》评价褒贬不一。部分学者认为，《枢纽》具有十分重要的意义。中国社科院原副院长、中欧国际工商学院原院长刘吉指出，施展试图在一种新的全球史视野下，重新理解传统中国以及以中国为文明核心的东亚世界的历史，并把这个东方世界与西方世界的相遇作为中国近代革命的历史背景，考察中国的现代化进程。作者有意避开了传统或经典的通史叙述方式，而以政治统治和社会治理的秩序演变为线索，以秩序构成诸要素的分析作为全书的主要内容，形成了气象壮阔的论述格局。刘吉认为，这是这一代青年人在大时代进行大构想的一个可贵尝试。[1] 万圣书园的掌门人刘苏里评价道，施展力图对我们这个人

---

〔1〕 李清：《从过去看见未来 从世界发现中国》，http：//hunan. voc. com. cn/article/201801/201801190854178068. html，最后访问日期：2018 年 3 月 10 日。

群遭遇的苦难，给出历史哲学和社会学的解释。施展迈出的这一步，是零到一的创造。它将结束这个巨大人群如此长时段、对自我认知和定位的焦虑和迷茫，也将引起激荡，诱发更广泛、深刻地对这个人群未来命运和担其所当的思考。[1]

但是部分书评人则认为，《枢纽》盛誉颇具争议。[2] 书评人张明扬认为，过于庞杂的解释框架破坏了阅读时的连贯性与阅读快感，这样的问题在西方流行社科著作中自然也有，但却没有这本书体现得如此之大。书评人蔡辉认为，这本书十分失败，原因在于作者的积累无法很好地完成自上而下的建构，用逻辑绑架史实，是历史哲学奇葩。书评人许金晶认为，作者提出的解释中国和世界历史变迁的理论构架，其实是众多先行研究者贡献的一个综合与汇总。书本身不错，但内容距离逻辑思维的宣传语和当下被热议的程度，尚有明显距离。

（李玥整理）

---

〔1〕 李清：《从过去看见未来 从世界发现中国》，http：//hunan. voc. com. cn/article/201801/20180119085417806 8. html，最后访问日期：2018年3月10日。

〔2〕《其实，业内对施展的〈枢纽〉争议挺大的》，载微信公众号“书评人”，2018年1月28日。

# 西方哲学中国化的三个阶段

**[编者按]** 西方哲学自明清之际传入中国起，便开始了其中国化的历程。对西方哲学的取舍、译解和权重，没有中国思想的主体地位是无法完成的。中国的西方哲学研究是中国哲学本身的一部分，是西方哲学中国化的过程。为此，复旦大学哲学系教授丁耘发表《论西方哲学中国化的三个阶段》一文，按照中西文化交通史的内在节奏，将西方哲学的中国化乃至整个西学中国化分为三个历史阶段。丁耘指出，西方哲学中国化不仅限于中国的西方哲学研究，更体现在对西方哲学的运用上，体现在中国哲学对其历史与原理的解释上，也体现在中国哲学当前的最有活力的创发动机上。[1]

## 一、"格义"阶段

第一阶段是中国明清之际（16 世纪末至 18 世纪初），是西方哲学中国化的"格义"阶段。西方哲学最初传于中国，传播方、被传播方、传播目的、传播情境、传播策略都是高度特定的，这导致了明清之际西方哲学的中国化有以下三个特点：

第一，这一阶段对西方哲学的理解与翻译，带有明显的"格义"色彩。所谓"格义"，即晚明传教士们在传播经院哲学的过程中，为降低陌

〔1〕 丁耘：《论西方哲学中国化的三个阶段》，载《天津社会科学》2017 年第 5 期。

生感与敌对感，选择用儒学的，尤其是宋明理学的基本概念去翻译和解释西方哲学。最重要的范例是以利玛窦为代表的最早一代传教士，将拉丁文的Deus顺着宋明理学的传统翻译为“天主”。这既巧妙地诉诸了程朱派理学家一贯坚持“本天”“本心”之分，也融合了天有其“主”（Lord）的基督教精髓。但亚里士多德哲学和经院哲学在其深处与宋明理学又有明显区别，格义至深之处，也须明确解释两者不可调和的地方。

第二，这一阶段的西学传播主体是高度限定的，具有高度同质化的耶稣教会背景。就内容来看，西方哲学的整体格局被介绍至中国，但重点内容则以亚里士多德哲学、托马斯主义的经院哲学以及宗教文献为主，文艺复兴与宗教改革之后的学术成果相对较少。这呈现了西方哲学传统中的本体论、逻辑学与神学等精华内容，将与中国传统学术思想有着根本差异的西方形而上学论题也带入了中文语境。

第三，“格义”是传教士们的双向策略，他们自己也在尝试理解西方哲学与中国哲学的差异所在。因此，他们既从自己的欧洲哲学立场努力理解和解释中国学术传统，也通过翻译、通信等向欧洲思想界介绍了他们所认识的中国哲学。中西方哲学之间的“交互格义”以互为镜像为结果：在西方哲学眼中，中国传统学术思想是“另一种哲学”；而在儒家思想眼中，西方哲学是“另一种理学”。

## 二、“反向格义”阶段

第二阶段是晚清（19世纪下半叶）至20世纪70年代末，是西方哲学中国化的“反向格义”阶段。所谓“反向格义”，指中西哲学之间宾主地位的颠倒，即以西学为基源、以中学为对象。这一阶段最关键的成就是中国学术整体建制的西学化。经学逐渐隐退，哲学文学、新史学及诸多社会科学对传统学术地盘进行了接管和瓜分。中国学术成为旧学，西方学术成为新学，中西关系被纳入古今关系之下。

西方哲学中国化在这一阶段也面临着基本的任务。从学院哲学的视角看，西方哲学中国化第二阶段的基本任务有两个：一是在理解与解释的前提下系统介绍、研究西方哲学；二是以西方哲学为准绳，重新区分、整理、解释中国的传统学术思想，写出系统的“中国哲学史”、建构学院化的现代中国哲学系统。从有活力的非学院哲学的视角看，西学中国化的基本任务就是帮助重新解释全部中国历史，帮助解释中国社会的性质，为中国的社会危机和政治危机做出总体的理论描述和实践决断。与这三项任务对应的历史贡献，就是西方哲学研究、中国哲学研究和马克思主义中国化。

这一阶段的西方哲学中国化呈现如下的特点：

第一，从研究内容来看，中国学者对西方哲学的历史整体有自己的判断，因此研究重心在近代哲学，特别是近代德国哲学。这一选择和当时西方哲学的主流有关，也同晚清以降中国思想史自身的整体情境有关。

第二，从研究成就来看，这一阶段极为重要的成就是以西方哲学为典范叙说，论述中国哲学史，构建现代中国哲学。随着经学时代的过去，“理学”乃至传统中国的一切义理之学，被理解为“另一种哲学”，“中国哲学”这个学科被真正构建。更重要的是，将传统“义理之学”视为“另一种哲学”并寻找其根据，成为思想创发的主要契机。而中国哲学思想的真正底盘与境域是复兴了的阳明学，对全部西方哲学最高问题的解释乃至翻译，都以心、物问题为主旨。中国传统学术尤其是阳明学，构成了中国哲学理解和转化西方哲学的基本视域。

第三，马克思主义在中国的理解和解释，与西方哲学的中国化密切相关。西方哲学中国化将唯心、唯物问题作为哲学的基准问题，马克思主义的兴趣是书写中国通史或社会经济，构建历史观，对“基准问题”做出不同于学院派哲学的解释。中国化马克思主义同样以“知行问题”去进入和理解马克思主义哲学的“实践”概念，与19世纪完备的科学体系和20世纪的实践学说成功对接，因而马克思主义哲学的中国化、实践化、启蒙化更为成功。

## 三、"即用见体与交互格义"阶段

第三阶段是20世纪70年代末迄今，是西方哲学中国化的"即用见体与交互格义"阶段。

第一，从研究内容来看，这一阶段的西方哲学研究注重的是马克思主义之后的西方哲学，以及古代的西方哲学。以海德格尔哲学为新基点，产生了当代中国西方哲学研究的三条道路：第一条是向前进入法国哲学乃至后现代哲学的研究（德里达、福柯、列维纳斯、梅洛·庞第等）的研究。第二条是沿着海德格尔的弟子辈进行研究，例如伽达默尔、列奥·施特劳斯以及汉娜·阿伦特。这条道路则逐渐偏离了现象学及本体论，将研究领域推进到了诠释学特别是政治哲学。第三条则是沿着海德格尔及其弟子返回古希腊哲学。此外包括黑格尔研究在内的德国古典哲学研究也在复兴。无论哪一条道路，西方哲学中国化在新时期的基本出发点是"现代"。

第二，这一阶段，无论在中国还是在西方，哲学陷入的局面是大致相同的，即体用分离、道器殊绝。在哲学研究中，本体层面尽力思考"用"，并且特别注重能够有助于此的西方哲学资源。科学技术哲学与分析派哲学逐渐壮大，该学派深入器用之学，直接忽略本体问题；或用器用之学的方法，处理或回应本体问题。分析式的西方哲学不仅在英语国家哲学的研究中，而且也在对欧陆传统哲学的历史研究中，甚至在对中国传统哲学的研究中，都成为越来越主流化的力量。

其三，这一阶段的最重要趋势，是对传统中国哲学的解释与当代中国哲学的自身建设，正逐渐获得自觉，开始走出"反向格义"阶段。这个时期对西方哲学更深入的研究、更全面的了解，使人能够以更开阔的背景、更贴切的态度进入传统中国哲学的解释和当代中国哲学的建设。目前走出"唯心唯物"的框架，只是走出了"反向格义"的一种形态，而非彻底走出"反向格义"。要彻底走出"反向格义"，需要的是更全面、更中肯地了解和反省西方哲学，就其根源和传统做整体性的判断。而这意味着要自觉地用中国学术去解释西方哲学。丁耘认为，现在这一步尚未进入当代中国哲学的议题，应是西方哲学中国化需要继续努力的方向。

（杜冰整理）

# 儒学复兴与现代性问题

**［编者按］** 儒学与现代性问题始终是儒学复兴之路上的一个重要议题。近些年，随着中国与中国文化的崛起、儒学的复兴以及现代性问题的日益突出，儒学与现代性问题再次引发了学者们的广泛讨论。为此，《探索与争鸣》杂志在2018年第1、2期连续组织相关专题讨论，《南方周末》也刊登了相关文章。针对儒学复兴现象，不同学者持不同观点，但多数学者还是持肯定意见。这些学者讨论了儒学复兴应当侧重的主要方面，还提出了对儒学复兴现象未来发展的担忧。此外，还有学者结合现代性的危机，阐释了儒学复兴对于现代社会的深远意义。

## 一、儒学复兴的可能性与必要性

针对儒学复兴的可能，学者持不同观点，并对儒学复兴的可能性和必要性进行了进一步阐释。对儒学复兴持否定观点的学者，以华中科技大学哲学系教授韩东屏为代表。他认为[1]，儒学的整体落后性和边缘性，导致其根本没有复兴的可能。儒学中的自然本体论是过时的，社会本体论是粗陋的，人类本体论是错误的，认识论是议题狭隘且水平不高

---

〔1〕 韩东屏，《“一无所长”的儒学，还能够复兴吗?》，载微信公众号“探索与争鸣杂志”，2018年3月2日，https：//mp. weixin. qq. com/s/_ lMWwFLD9ZP-LV_ oAp9DkA ，本文原载《探索与争鸣》2018年第2期，原标题为《儒学能复兴吗——文化视角下儒学的比较优势与当代价值》，最后访问日期：2018年4月12日。

的，价值论则是完全空缺的。当代的问题，只有通过当代人自己的智慧创造才有可能得到妥善的解决。

对儒学复兴持肯定观点的学者，有清华大学哲学系教授陈来、自由撰稿人金钟、西南政法大学哲学系讲师董卫国、华东师范大学哲学系教授陈赟、山东大学儒学高等研究院执行副院长王学典等。针对儒学复兴的可能性和必要性，这些学者也进行了深入阐释。

王学典认为，〔1〕习近平2013年到访山东曲阜，意味着儒家文化在意识形态中的应有地位从此开始恢复。一方面，儒学正在成为世界范围内堪与自由主义相抗衡的重要思想流派，另一方面，中国大陆正在取代海外真正成为世界儒学研究的中心。陈来认为，〔2〕21世纪中华民族伟大复兴和中华文化伟大复兴是现代儒学复兴的第二次机遇。三十年来的儒学研究构成了一套学术儒学和文化儒学，除了这种“在场”的、显性的儒学，还有新世纪以来不断发展的潜隐的、百姓日用而不知的“民间儒学”。金钟认为，〔3〕儒学的包容性、自省和自我批判，使得其复兴成为可能。今天的儒学虽然不是千年以前的儒学，但儒学的精华还在，随着时代不断地融合自然、融合生活，不断完善自身。董卫国认为，〔4〕作为“文化信仰”的儒学对于当今面临信仰危机的中国社会尤具现实意义。儒学与西方的宗教信仰、政治信仰不同，是一种文化信仰。在当代社会，

---

〔1〕王学典等：《独家重磅！深度观察：十八大以来儒学变迁之大势》，载微信公众号“凤凰网国学”，2017年9月19日，访问网址为：https://mp.weixin.qq.com/s?__biz=MzIzNzAxMzE3Mw==&mid=2247485575&idx=1&sn=3eec1996a56c8682b0f0dc883c98ec27&source=41#wechat_redirect，最后访问日期：2018年4月12日。

〔2〕陈来：《百年来儒学的发展和起伏——陈来教授在香港孔子学院的讲演》，载爱思想网，http://www.aisixiang.com/data/64647.html，最后访问日期：2018年4月12日。

〔3〕金钟：《千年之后的我们应该如何看待儒学的复兴?》，载微信公众号“腾讯儒学”，2018年3月27日，https://mp.weixin.qq.com/s/dwsbEfV1EvcqFdd5OdJAyg，最后访问日期：2018年4月12日。

〔4〕董卫国：《当代中国的信仰危机以及作为“文化信仰”的儒学》，载微信公众号“紫雪斋文化互助公益平台”，2018年1月11日，https://mp.weixin.qq.com/s/KewJYUFLmHMNzVQJg9WkWQ，最后访问日期：2018年4月12日。

疏通儒学作为信仰的义理系统和恢复儒学积极的教化机制，能引导国民恢复信仰。陈赟认为[1]，在以民族—国家为单元的世界体系中，只有儒家思想能对“中华民族”这一概念进行文化性的正当解释。西方语境中的“民族国家”中的“民族”是单数的，但“中华民族”并不是一个民族，而是多个民族。只有儒家思想可以提供对“中华”的文化解释。

## 二、儒学复兴的侧重点

针对儒学复兴的主要内容以及侧重点，有学者从不同的角度进行了阐释。复旦大学哲学学院教授白彤东认为，[2] 儒学复兴更需要“子学”而非“经学”。大陆新儒家将经学路线视为主流和正统，但这一路线存在着种种缺陷。为使儒家参与到当代放大了的诸子竞争之中，应该采取一种子学路线，即在包容从不同的儒家经典出发的多元传统的基础上，结合历代儒者对政治制度的反思和创新，面对当代政治问题，给出非儒者也能接受的普世论证。中国人民大学国学院教授韩星认为，[3] 应以内圣外王为基本结构重建当代新儒学。当代新儒学应该以儒家中和之道整合心性儒学与政治儒学、社会儒学，上升到内圣外王之道的高度，安稳儒家的核心结构，确立儒家价值主体，与时俱进，吸收世界多元文明成果，重建圆融、圆满的新儒学体系。中国社会科学院世界宗教研究所副研究

---

〔1〕 陈赟：《“文明论”视野中的大陆儒学复兴及其问题》，载微信公众号“天涯杂志”，2015 年 9 月 1 日，https：//mp. weixin. qq. com/s/UsGRciRxWy3mbK8YBuwXww，最后访问日期：2018 年 4 月 12 日。

〔2〕 白彤东：《儒学复兴更需要“子学”而非“经学”》，载微信公众号“探索与争鸣杂志”，2018 年 2 月 24 日，https：//mp. weixin. qq. com/s/XqYfAY5qy8kRwN2DkIDPcQ，本文原载《探索与争鸣》2018 年第 1 期，原标题为《经学还是子学——政治儒学复兴应选择何种途径》，最后访问日期：2018 年 4 月 12 日。

〔3〕 韩星：《当代新儒学的重构与整合》，载微信公众号“江南书院”，2017 年 1 月 20 日，https：//mp. weixin. qq. com/s/Hy-JoZSEAuv8PaSCh9RsVg，最后访问日期：2018 年 4 月 12 日。

员赵法生认为,[1] 乡村儒学既是当代儒学的重要进展，也是当代新文化运动的重要组成部分。乡村儒学是儒家民间讲学传统的继承与发展。传统乡土信仰是由私塾、宗祠和民间信仰构成的复合精神系统。乡村儒学就是在一定程度上综合、替代并超越以上三者，实现现代条件下三堂合一，重构乡村的精神世界。

## 三、儒学复兴未来的隐忧

针对儒学复兴现象，有学者指出了其中问题，并提出对儒学复兴未来的隐忧。山东大学儒学高等研究院执行副院长王学典认为,[2] 儒学研究领域存在着不容忽视的问题。首先，是学术研究与现实关怀相脱节的问题。其次，与儒家文献整理取得了系统性进展相比，儒学理论研究显得相对滞后，为此必须探索高端儒学学术机构的运作规律。深圳大学人文学院院长景海峰认为,[3] 将儒学宗教化的倾向可能将儒学复兴引向死胡同。中国不像西方那样存在一个像查尔斯·泰勒所说的从“神圣”跨向“世俗”的“大脱嵌”。儒家的现实主义本质接近于所谓的世俗性，也不是与神圣性二元对立的情形，因此没有必要仿造西方的宗教来比附和装扮儒学，制造出一个不伦不类的现代儒教。

---

〔1〕 赵法生：《空虚的乡村由儒学来填?》，载微信公众号“民间儒学心灯”，2016 年 12 月 25 日，https：//mp. weixin. qq. com/s/57fBRK9LnABRO51fj_ 6hbA，最后访问日期：2018 年 4 月 12 日。

〔2〕 王学典等：《独家重磅！深度观察：十八大以来儒学变迁之大势》，载微信公众号“凤凰网国学”，2017 年 9 月 19 日，https：//mp. weixin. qq. com/s? _ _ biz = MzIzNzAxMzE3Mw = = &mid = 22474 85575& idx = 1& sn = 3eec1996a56c8682b0f0dc883c98ec27&source = 41#wechat_ redirect，最后访问日期：2018 年 4 月 12 日 。

〔3〕 景海峰：《警惕当代儒学走向极端：排他、自大和宗教化》，载微信公众号“探索与争鸣杂志”，2018 年 2 月 23 日，https：//mp. weixin. qq. com/s/CGGPKToNvJ9ldQBGtv1xuQ，最后访问日期：2018 年 4 月 12 日，本文原载《探索与争鸣》2018 年第 1 期，原标题为《走向批判的传统主义——当代儒学发展的形态及趋向》。

北京大学中文系教授龚鹏程认为，[1] 儒学复兴不仅颇见乱象，真实内涵亦颇堪疑。一方面，学术界还没准备好，无法做出知识性的产出，只能不断翻印老书或出版通俗讲论；另一方面，传统生活场域难以重构，社会文化心态浮躁、嚣动和庸俗化，儒学复兴成为商业炒作和时尚风潮。同济大学人文学院教授柯小刚认为，[2] 儒学教育可能会变成一种畸形的现代性。近年来日益风行的部分"国学热"和"读经运动"所创造的连锁读经培训模式和"国学文化产业市场"，貌似属于"传统文化"，有些实则毫无古典心性，完全是从属于现代生活方式的"古典文化消费""国学心灵鸡汤"。儒学教育如能解开现代性的死结，未来才有希望。

## 四、儒学复兴的深远意义

针对儒学复兴的影响及意义，有学者从儒学与现代性的关系入手，讨论了在充满现代性危机的现代社会复兴儒学的深远意义。中山大学哲学系教授冯达文借批评现代社会的理论根基——自由主义的政治哲学来显扬儒学，从理论层面论述了振兴儒学的深远意义。[3] 冯达文指出，17世纪的自由主义思潮在淡化神凸显人的同时，也将人与人的关系割裂，引发了现代社会的种种危机。儒学与自由主义有相近之处，二者都致力于淡去神而凸显人，也都讲求人的自然先天本性。但儒学与自由主义的不同之处在于，儒学是从个人的有限性出发，认为人先天禀得的并不是个人之权利，而是对亲人、对群族的道德情感。正因如此，儒学才能够一方面得以使人的精神往上提升，而确保道德理想的崇高性；另一方面为形而下的公共社会建构走向真正的现代政治奠定基石。

---

〔1〕 龚鹏程：《儒学复兴年代的隐忧》，载微信公众号"国学正典"，2015年5月27日，https：//mp. weixin. qq. com/s/XLdmbr_ FK_ U6LCbmczoJWg，最后访问日期：2018年4月12日。

〔2〕 柯小刚：《当代社会的儒学教育：以读经运动为反思案例》，载微信公众号"寓诸无竟"，2016年5月7日，https：//mp. weixin. qq. com/s/DC2GY8gqVrQoYIWkEhJWdA，最后访问日期：2018年4月12日。

〔3〕 冯达文：《为何要从自由主义回归古典儒学?》，载《南方周末》2018年6月7日。

中山大学哲学系副教授张曦肯定了冯达文的观点，并在此基础上进一步分析了现代性所带来的问题，从现实角度说明了振兴儒学的出路所在。[1] 张曦指出，现代性消解了人与人之间的亲密关系与社会纽带。面对现代性所带来的问题，许多思想家都曾试图给出解决方案。而儒学的前景便在于，它能否帮助现代人重建亲密关系与社会纽带。儒家对人、社会和自然的观想之道，是依靠承认个人的有限性来寻求个人与时间、空间的融合，强调拓展个体生命的体验限度，来为个体带来生命的满足和快乐。这种灵性修养般的观想之道，是化解现代社会危机的一种救赎力量。

（徐清海、姚无铭整理）

---

〔1〕 张曦：《现代社会病在何处？如何面对？》，载《南方周末》2018 年 7 月 26 日。

# 十月革命百周年

**［编者按］** 2017年是俄国十月革命一百周年，学界掀起了讨论十月革命的热潮。为此，清华大学人文学院中文系教授汪晖发表了长篇论文《十月的预言与危机——为纪念1917年俄国革命100周年而作》。[1] 汪晖认为，十月革命是二月革命的继续，是一场社会主义革命，其意义重大，不可能被整体否定。汪晖进一步从民族自决权的角度来理解十月革命，认为十月革命与“亚洲觉醒”紧密联系在一起，重申了民族自决权的思想原则。对于中国革命而言，十月革命则为中国的无产阶级革命提供了宝贵的历史经验。

## 一、对十月革命当代评价的综述

在俄国及西方知识界，由于东欧剧变和苏联解体，十月革命常常被视为预伏在苏联解体过程中的“原罪”，有关社会主义和共产主义的讨论早已转化为社会主义为什么失败、共产主义为什么不可能的讨论，否定和修正十月革命的观点占据主流。汪晖认为，在这场革命的反动大潮中，也存在一些值得讨论的、对正统叙述进行修正的观点，主要包含两个基本问题：一是二月革命与十月革命的关系，二是重新探讨革命的性质。

关于两场革命的关系，汪晖援引阿·伊·福明的观点，十月革命是

［1］ 汪晖：《十月的预言与危机——为纪念1917年俄国革命100周年而作》，载《文艺理论与批评》2018年第1期。

二月革命的继续，是将政权转移到无产阶级和农民手中的资产阶级民主革命，即一个不同于无产阶级专政的、无产阶级和贫苦农民的专政，从经济的角度可理解为列宁所言的“真正民主革命国家中的国家垄断资本主义”。关于革命的性质，即十月革命是一场社会主义革命，还是“亚细亚式的社会革命”，建立的政权是国家资本主义，还是社会主义，汪晖介绍了苏联学者E. 博罗金的观点。博罗金指出，俄国1917年革命的目标，是反对完全衰老的亚洲封建主义，同时反对业已发展起来的私有制资本主义。它的使命是为农民同生产资料彻底分离和在国有制统治基础上建立社会化生产创造条件。汪晖认为，为了将十月革命的使命界定为确立“国家资本主义”，博罗金从经济的角度将这一进程解释为类似于欧洲资本主义原始积累的农民与生产资料的彻底分离，从而完全否定了社会主义经济建设中让劳动者与生产资料重新结合的各种尝试。

汪晖指出，普京主政俄罗斯的时代，各种关于十月革命的修正观点找到了弥合其冲突的契机。对于现代化论者而言，十月革命为工业化扫清了封建障碍；对于民族主义者和爱国主义者而言，苏联的卫国战争为抵抗和粉碎纳粹德国的进攻建立了不朽功勋；对于当代欧亚主义者而言，十月革命正是重振俄罗斯帝国的转折点。因此，十月革命不可能被整体地否定。然而一个世纪之后，这一革命面对的真正挑战是对它所创造的第一个无产阶级国家的否定。它既不容于西方自由主义意识形态，也与当代俄罗斯的政治道路大相径庭。因此，俄罗斯总统普京对革命的评价相对暧昧，出发点是维护俄罗斯的国家统一和社会团结。2017年5月25日，普京曾明确指出：“二月革命和十月革命100年留下的主要历史教训就是防止社会的分裂，达成社会的和谐。”汪晖认为，暧昧的表述无法完整诠释十月革命的伟大意义。十月革命不仅改变了俄国，也改变了世界；围绕这些“改变”而产生的激烈争辩和斗争遍及不同区域、不同人群，其中也包括追随这一革命并坚持革命理念的左翼及其理论上的后代。

汪晖指出，当代西方左翼对于俄国革命的重申以“失败”为起点。从表面形态来看，“失败”是指作为革命成果的20世纪社会主义体系的解体，苏联和东欧社会主义不复存在。从深层次含义来看，“失败”是指革命的进程终止，革命主体逐渐式微，阶级分化持续深化，但在19-20世纪作为革命力量的政治性阶级却无法再形成。在20世纪革命进程中促成了政治性阶级诞生的革命先锋队已经历深刻转型。从历史的角度看，中俄之间、中国与其他社会主义国家之间的历史道路和当代命运存在着巨大的差别，我们不可能将他们各自的经验放置在同一个“失败”的范畴里。俄国革命是由欧洲资本主义的总体危机和战争所激发的，它所影响和激发的革命发生在各不相同的历史条件之下，也存在着各自具体的社会目标，革命者和革命队伍的成熟程度千差万别，即便是总结“失败”，也离不开对具体进程的分析。

## 二、十月革命与民族自决权

关于俄国革命的解释和评价，存在着两种视野：欧洲的视野和非欧洲的（尤其是亚洲的）视野。欧洲的视野主要是从19世纪欧洲工人运动和共产主义运动及其对立面的脉络中展开的，而亚洲的视野则着眼于帝国主义、殖民地问题和民族解放运动等方面。汪晖认为，在围绕十月革命的众多争议中，核心的三个问题基本上都是从欧洲的视野或欧洲社会主义运动的视野出发的。这三个问题是：战争与和平问题，民族自决权问题，无产阶级专政问题。关于民族自决权的理解，主要包括如下观点：

第一，十月革命与“亚洲觉醒”紧密联系在一起。列宁对于革命的设想以对帝国主义时代的革命契机的探索为前提。他从1905年俄国革命、1907年伊朗革命、1909年土耳其革命尤其是1911年中国革命的经验中，已经发现“亚洲的觉醒”所包含的社会主义革命的潜能，从而将俄国革命放置在“亚洲的觉醒”的序列之中思考。汪晖认为，在欧洲视野中，欧洲社会主义者对十月革命进行了理论批评和政治谴责，而没有看到亚洲革命的谱系。在这个革命谱系中，俄国革命者对于俄国作为一个腐朽的帝国主义国家的认识与中国革命者对于中国作为一个被压迫民族的认识产生了重叠共识，两者所从事的革命的区分也正是以重叠共识为前提的，这是两场性质和道路均非常不同却紧密相连的革命。因此，将十月革命放置在“亚洲觉醒”的序列中，可发现更多的积极意义。

第二，十月革命重申了民族自决权的思想原则，废除了与帝国主义签订的秘密条约，支持一切被压迫民族的民族解放运动，同西方野蛮的殖民政策彻底决裂。十月革命将当时落后的东方民族与先进的西方民族同时组织到反对帝国主义的共同斗争之中，使民族自决权不再是与欧洲的社会主义运动无关的、仅仅是东方反对民族压迫和奴役的局部斗争，而是构筑全球性的反对帝国主义革命战线的现实可行的战略问题。20 世纪的革命并不仅仅是工人阶级的革命，而且也是一切被压迫人民的革命。在中国革命中诞生的人民或人民群众这一内涵和外延不断滑动的政治范畴，就是由这一新的全球视野所激发的。因此十月革命的思想对于中国革命和所有第三世界的解放运动具有难以估量的巨大意义。

第三，列宁对中国观察的理解和认识，使中国革命与俄国革命更紧密地联系到一起。列宁曾对 1911 年的辛亥革命进行了观察和思考，使中国革命与俄国革命紧密联系到了一起。他曾对孙中山提出的超越资本主义的民主主义和社会主义纲领进行了批评。同时，他把孙中山的革命纲领放置到俄国特定的历史背景中考察，得出了“俄国革命只有作为农民土地革命才能获得胜利，而土地革命不实现国有化是不能全部完成其历史使命的”这一结论。列宁认为在“亚洲”的特定条件下，只有通过农民土地革命的方式和社会主义的建国运动，才能为资本主义的发展创造前提。在土地革命的意义上，民族自决体现了在新的人民—国家建构中，国内各大小民族之间实现民族平等的绝对必要性。列宁关于民族自决权的理论、关于帝国主义时代落后国家的革命的意义的解释，都产生于 1911 年辛亥革命之后，并与他对中国革命的分析有着理论的联系。

## 三、十月革命与无产阶级专政的历史经验

十月革命创造了一个由布尔什维克领导的工人国家。在理论上，这

个国家就是马克思所指的向无阶级社会过渡的、由无产阶级领导的政体，即无产阶级专政。汪晖认为，无产阶级专政的意义首先在于，革命不应该仅仅是国家权力的轮换或改朝换代，而应该伴随着经济关系和社会关系的改变，即在日常生活世界彻底改变劳动依附于资本的逻辑。我们要从无产阶级专政的具体实践出发，从实践内部去思考和探索其经验与教训。

汪晖认为，巴黎公社一方面“是工人阶级的政府，是生产者阶级同占有者阶级斗争的结果，是终于发现的、可以使劳动在经济上获得解放的政治形式”，另一方面又越出自身的历史范畴，成为一种与一切“原来意义上的国家”不同的政治形式、一种真正的社会自治。这也正是今天人们思考俄国革命与中国革命的基本尺度。十月革命后的俄国，无产阶级专政经历了两个重要转变：第一个转变是从允许多党合作、实行联合执政，转变为俄国共产党一党专政的政治格局；第二个转变是从以革命政党为领导、以工农联盟为基础的政治形式，转变为以政党—国家体制为框架、行使一切国家事务的权力体制，即合法垄断暴力的、权力高度集中的国家结构。对于中国革命而言，巴黎公社的尺度对于社会主义国家的政治生活具有某种反思性意义，但若仅仅从这些短暂的经验出发衡量无产阶级专政的实践，也就难以从具体的历史条件内部展开对于革命的思考。中国革命的基本路径，是通过高度组织化和政治化的方式，将原本处于软弱状态的社会阶层转化为远远超出其结构性软弱位置的全新主体。一个以夺取政权为目标的政党，一个通过土地革命斗争以创造新型革命阶级的社会运动，一个能够将这些斗争要素全部组织于其中的政治—军事形势，一个能够将国内扫除旧的社会关系的斗争与国际反帝运动相互连接的世界图景，构成了这一转化的基本条件。

最后，汪晖指出，伴随着社会主义国家的建成，革命政党的执政地位和权力垄断成为基本的政治特征，由此产生了两组矛盾，其中第一组是如何处理无产阶级政党的领导地位与国家立法行政体制之间的关系，第二组问题是执政党、社会主义政府与经济的关系。中国共产党曾在 1950

年代后期坚持认为：政党、政权、无产阶级专政、工业的国有化和农业的集体化、有计划地发展社会主义经济和社会主义文化、坚持无产阶级国际主义的原则等，恰恰皆是十月革命的最重要成就。虽然那时与今天的局势不可同日而语，但不可否认：中共领导人在思考苏联社会主义实践的挫折和教训，并从中国革命的经验和教训出发思考“无产阶级专政”和“社会主义国家”问题，集中阐明了武装斗争的战略，群众路线的方针，统一战线的政策，党的建设的路径，区分敌我两类矛盾的辩证法，综合政治、经济和文化斗争的方式等。

在今天，对于 21 世纪社会主义的探索，不仅应该而且需要对于俄国革命、中国革命和其他第三世界的人民革命进行总结，要像当时的革命者们一样，不仅思考革命的原则，而且根据各国的具体情况，做出历史的和理论的总结，才能直面当代的条件和危机，探索通往未来的道路。

（杜冰整理）

# 关于《共产党宣言》发表170周年的讨论

［**编者按**］ 2018年是马克思诞辰200周年，也是《共产党宣言》发表170周年。2018年5月4日，纪念马克思诞辰200周年大会在北京举行，中共中央总书记、国家主席、中央军委主席习近平发表重要讲话。此外，国内从官方到社会各界也都围绕相关主题进行了隆重纪念。习近平围绕马克思本人、马克思主义、马克思主义与中国、应如何学习和运用马克思主义进行了全面论述。思想界的讨论则主要围绕马克思与马克思主义的地位、贡献及其时代意义等几个问题展开。

## 一、习近平重要讲话

中共中央总书记、国家主席、中央军委主席习近平在纪念马克思诞辰200周年大会上发表重要讲话。讲话围绕马克思本人、马克思主义、马克思主义与中国、应如何学习和运用马克思主义进行了全面论述。

习近平指出，马克思作为全世界无产阶级和劳动人民的革命导师，马克思主义政党的缔造者和国际共产主义的开创者，是“近代以来最伟大的思想家”“千年第一思想家”。马克思的一生是为人类解放不懈奋斗的一生，追求真理的一生，为推翻旧世界、建立新世界而不息战斗的一生。关于马克思主义，习近平指出，马克思主义是科学的理论，创造性地揭示了人类社会发展规律；是人民的理论，指明了人类解放的道路；是实践的理论，实践性是马克思主义区别于其他理论的显著特征；是开放的理论，是行动指南，不是教条，必须随实践的变化而发展。关于马克思主义与中国的关系，习近平指出，马克思主义不仅深刻改变了世界，也深刻改变了中国。中国诞生了以马克思主义为指导的政党——中国共产党，中国共产党人把马克思主义基本原理同中国革命和建设的具体实际结合起来，取得了巨大成就，其科学性和真理性得到了充分检验。对此，各国共产党对中国共产党人取得的历史成就高度赞扬。[1]

最后，习近平指出，纪念马克思，就要学习和实践马克思主义关于人类社会发展规律、人民立场、生产力和生产关系、人民民主、文化建设、社会建设、政党建设方面的思想，坚持和运用马克思主义的实践观、群众观、阶级观、发展观、矛盾观，把马克思主义的基本原理和具体实际联系起来。[2]

2018年4月23日，中共中央政治局就《共产党宣言》及其时代意义举行第五次集体学习时，习近平强调，《共产党宣言》的问世是人类思想史上的一个伟大事件，《共产党宣言》是第一次全面阐述科学社会主义原理的伟人著作，是一部科学洞见人类社会发展规律的经典著作，值得我们反复学习、深入研究，不断从中汲取思想营养。[3]

## 二、思想界的讨论

思想界的讨论主要围绕马克思与马克思主义的地位、贡献及其时代意义等几个问题展开。关于马克思与马克思主义的地位，美国明尼苏达大学莫里斯分校经济学教授塞勒斯·比纳将马克思与达尔文和爱因斯坦

---

〔1〕 人民日报：《让马克思主义在21世纪焕发更强大真理力量》，载中国社会科学网，http://www.cssn.cn/zt/zt_xkzt/mkszyzt/mksdc/zywz/201805/t20180505_4236166.shtml，最后访问日期：2018年5月12日。

〔2〕 习近平：《在纪念马克思诞辰200周年大会上的讲话》，载新华网，http://www.xinhuanet.com/politics/2018-05/04/c_1122783997.htm，最后访问日期：2018年5月10日。

〔3〕 习近平：《深刻感悟和把握马克思主义真理力量》，载中国社会科学网，http://www.cssn.cn/zt/zt_xkzt/mkszyzt/mksdc/lbt/201804/t20180429_4219566.shtml，最后访问日期：2018年5月10日。

相提并论，他认为，这三位是仅有的过去两百年间塑造我们今天思考方式、改变我们生存方式的思想家。达尔文发现物种的起源，爱因斯坦探索宇宙的起源，马克思则发现了社会关系的根源。马克思对人类社会整体的贡献是多方面的，超越了种族、国家、文化、宗教和性别的界限。[1]

加拿大曼尼托巴大学政治学系教授拉获卡·德塞认为，马克思的贡献在于击中了资本主义的要害：作为一种压制性社会组织方式，资本主义既不是自然的存在，也不会是永恒的存在，而是一种历史性的存在；资本主义存续的过程中将不断面临阶级之间、阶级内部、国家之间和国家内部矛盾导致的危机。而西方经济学聚焦于交换，抛弃了生产；聚焦于价格，抛弃了价值；聚焦于个人，抛弃了阶级，使得其视野狭小；均衡假说则掩盖了资本主义的内在矛盾和危机。[2]

关于马克思主义政治经济学，教育部社会科学委员会副主任、前武汉大学校长顾海良认为，剩余价值、劳动二重性和工资是马克思主义政治经济学区别于其他经济学流派的重要标志，也是理解马克思主义政治经济学的关键术语，是马克思政治经济学理论体系和学术话语体系基本立场和根本方法的表达。[3]

除了对共产主义的理论贡献，马克思的实践贡献也是巨大的。陆军炮兵防空兵学院教授鲁世山认为，马克思对国际共产主义运动实践的贡献主要体现在三个方面：其一，马克思创建并领导了共产主义者联盟和国际工人协会（第一国际），帮助成立了德国社会民主工党，为第二国际

---

〔1〕塞勒斯·比纳：《思想的光芒永远闪耀》，载中国社会科学网，http：//www. cssn. cn/zt/zt_ xkzt/mkszyzt/mksdc/zywz/201805/t20180508_ 4238489. shtml，最后访问日期：2018 年 5 月 10 日。

〔2〕拉获卡·德塞：《读懂真理的深厚历史性内涵》，载中国社会科学网，http：//www. cssn. cn/zt/zt_ xkzt/mkszyzt/mksdc/zywz/201805/t20180507_ 4236922. shtml，最后访问日期：2018 年 5 月 10 日。

〔3〕顾海良：《"术语的革命"彰显思想的力量》，载中国社会科学网，http：//www. cssn. cn/zt/zt_ xkzt/mkszyzt/mksdc/zywz/201805/t20180507_ 4237033. shtml，最后访问日期：2018 年 5 月 10 日。

的成立做了大量准备工作为无产阶级革命制定了正确的行动纲领；其二，马克思指导并参加了无产阶级反对资产阶级的伟大斗争，为无产阶级革命积累了宝贵的实践经验；其三，马克思不断同工人运动中各种错误思潮做斗争，如与空想共产主义理论家魏特林，作为改良主义的蒲鲁东主义、工联主义，作为无政府主义的巴枯宁主义及作为机会主义的拉萨尔主义和杜林主义的论战，确保了国际工人运动在正确的轨道上健康发展。〔1〕

中国人民大学哲学院教授陈先达认为，马克思本人是伟大思想家和伟大革命家的结合，马克思主义是由马克思的经典、马克思主义、马克思主义政党、马克思主义革命者、社会主义革命实践结为一体的学说。〔2〕

而另一个常见的问题是：马克思主义过时了吗？澎湃新闻的社论直接回答：马克思主义真理永不过时，《共产党宣言》勾勒的真理，依然适用于当今世界。〔3〕究其原因，传记电影《青年马克思》导演拉乌尔·佩克认为，马克思追求的是系统的科学社会主义，这使他的思想脱离了单纯的政治运动与空想的状态，具有蓬勃的生命力，形成不断发展壮大的系统。而且马克思的思想已融入生活的方方面面，很多时候我们都在享受他的思想带来的福利而不自知。〔4〕纽约城市大学教授、马克思《资本论》研究专家大卫·哈维也认为，马克思理论的生命力在于，马克思《资本论》研究的是资本，而不是 19 世纪的生活。在马克思的时代，资

〔1〕 鲁世山：《马克思对国际共产主义运动伟大实践的杰出贡献》，载中国社会科学网，http://www.cssn.cn/zt/zt_xkzt/mkszyzt/mksdc/zywz/201805/t20180505_4236198.shtml，最后访问日期：2018 年 5 月 12 日。

〔2〕 陈先达：《为什么要隆重纪念马克思诞辰 200 周年》，载中国社会科学网，http://www.cssn.cn/zt/zt_xkzt/mkszyzt/mksdc/zywz/201805/t20180502_4221068.shtml，最后访问日期：2018 年 5 月 12 日。

〔3〕 澎湃新闻社论：《马克思主义真理是永不过时的》，载澎湃新闻，https://www.thepaper.cn/newsDetail_forward_2111463，最后访问日期：2018 年 5 月 15 日。

〔4〕 拉乌尔·佩克：《马克思主义永远值得信任》，载澎湃新闻，https://www.thepaper.cn/newsDetail_forward_2112302，最后访问日期：2018 年 5 月 15 日。

本主义还只在世界的一个小角落存在，而在今天却是覆盖全球的主导经济体系。相比于高度数理化的现代经济学，马克思关于资本运动规律及其内在矛盾、内在不合理性的阐述，比宏观经济学理论更加尖锐深刻，更有解释力。[1]

（曹文姣整理）

〔1〕 大卫·哈维：《读懂〈资本论〉，你对世界的困惑会减少一半》，载澎湃新闻，https：//www. thepaper. cn/newsDetail_ forward_ 2111047，最后访问日期：2018 年 5 月 15 日。

# 中国道路与中国学派

**[编者按]** 改革开放以来，中国经济飞速发展，得到国际社会越来越多的关注。然而，国内外学界对于中国道路及其意义的评价却始终褒贬不一。在这样的背景下，如何以“中国视角”评价和看待中国道路成了一个重要命题。另一方面，改革开放使中国越来越强大，也使得很多学者有条件进行广泛的国际交流和比较，从“中国视角”放眼看世界。任何学派的产生和发展都是特定时代实践的产物，是对时代重大问题的思想回应，也是对时代特点的理论概括。在这样的时代背景下，“中国学派”应运而生。为此，清华大学国情研究院特聘研究员，公共管理学院、苏世民书院特聘教授王绍光就中国道路与中国学派的问题做出了阐释与说明。在《奠基与延续——中国道路的世界性意义》一文中，王绍光阐述并评价了中华人民共和国前30年和后40年相互关系及对改革开放后40年之变化，并在文章的最后指出了中国道路的世界意义。在采访中，王绍光就“发展中国学派”进行了深度讨论，指出了中国学派的问题意识，并探讨了中国学派未来的发展方向。相关文章与采访记录刊登于《东方学刊》2018年9月刊〔1〕以及《经济导刊》2018年第6期〔2〕。

---

〔1〕 王绍光：《奠基与延续——中国道路的世界性意义》，载《东方学刊》2018年9月刊。

〔2〕 王绍光：《开眼看世界的“中国学派”》，载《经济导刊》2018年第6期。

## 一、中国道路

### （一）“断裂论”还是“连续论”

在新中国前30年和后40年的关联上，存在着“断裂论”和“连续论”两种对立主张。王绍光认为，前者否定毛泽东领导的国家和社会建设对改革开放的奠基作用，背离了我国历史和社会发展现实。

其一，新中国成立前外无独立主权，内部分裂散沙，民众深受压迫和经济教育极为落后的政治社会基础不可能导向国富民强。其二，中国共产党成功领导了新中国前30年的国家和社会建设，为改革开放后40年政治社会经济的全面高速发展打下了坚实基础。具体而言，在政治上实现了主权独立、国家统一、民众解放和社会稳定，在社会层面实现了更高水平的平等、人民健康状况改善和教育普及，同时农业基础大为夯实，工业的主导地位得以确立以及在全国范围内建立起工业、国民经济和交通运输三大体系。此外，王绍光援引国际知名印度学者阿玛蒂亚·森（Amartya Sen）关于中印发展历程的比较研究以及资深学者郭益耀的著作，指出改革开放前30年和后40年是一以贯之的，没有前者就没有后者。

### （二）“姓资”还是“姓社”

对改革开放后40年变化的评价是围绕过去40年中国是“姓资”还是“姓社”的不同定性展开的。王绍光认为，中国在过去40年里仍是沿着社会主义路线、朝着社会主义方向前进的，并没有走资本主义的“邪路”。

其一，不同的人对社会主义有不同理解，对过去40年中国道路指向的争议与此有关。其二，社会主义应以社会为本体，要考虑社会上大多数人的福祉。在这个意义上，1949年后我国社会发展的三个阶段都是符合上述社会主义目标的。其三，在经济手段之外，中国政府适时出台社会政策解决了一系列公共、社会问题，系统性的社会政策日益满足了绝大多数民众不断增长的物质精神需求。其四，改革是以大多数民众利益为取向的，改革开放的结果是国家总体受益，政府通过税收与转移支付等方式使改革成果惠及了广大人民。

### （三）中国道路的世界意义

王绍光从世界历史宏观角度指出了中国道路的六个世界性意义。

其一，中国提供了一个样板，即道路选择正确，贫穷的国家也可以发展得很好。其二，中国经由“仁”道的方式获得发展，与西方国家殖民侵略的发展路径截然不同。其三，中国展示了社会主义健康良好的发展历程，这与残酷的资本主义原始积累道路对比鲜明。其四，中国作为东方文明国家快速发展的事实回击了西方的傲慢与偏见。其五，中国是大经济体发展的典范，表明大国也能获得发展。其六，中国创造了持续70年经济增长的奇迹，史无前例。

## 二、中国学派

### （一）“中国学派”的问题意识

“中国学派”的说法是以比较视野、国际视野为出发点提出的。“中国学派”的含义可宽可窄，广义来说可以是一种新的视角（perspective），狭义则要求有自己的概念体系和理论体系，即成为一个学派（school）。中国视角这个说法并不是在表达某种“学术民族主义”，而是说，从认识论角度和认知结构来说，不同的文化认知本身就不一样，是认知方式的差异带来了视角的差异，与基辛格讲的例外论没有关系。

王绍光认为，“中国学派”可以分为五层，层级越高越严格。第一层，中国人有了自己的看法；第二层，中国人有了自己独特的看法；第三层，中国人开始系统化独特看法，此时可能还会发展出一些不同于其他人的基本概念作为分析的工具；第四层，中国人形成了成系统的、独特的、统一的看法，这一层面需要有整套的理论；第五层，这一层可能就不取决于中国人自己了，也就是独特的、成系统的、统一的同时又被别人承认的“中国学派”。中国目前在某些领域已经进入第三阶段，某些领域甚至已试图进入第四阶段，但总体来说主要还处于第一和第二阶段。这五个层面是层层递进的，不经过前面的铺垫，第五步就没有任何可能性。只不过“势”比人强，要得到别人的承认，最终还是取决于中国整体实力在国际上的影响。

### （二）“中国学派”是“开眼看世界”而非固步自封

王绍光指出，中国与西方有很多相似的问题，中国可以借鉴西方解决问题的方式。但是“拿来”时的心态需要摆正，不能全盘接受，而要坚持开放平视的心态，通过对话交流取长补短。

王绍光认为，如果只讨论中国问题可能就没有必要提“中国学派”了，“中国道路”“中国模式”这类概括只是中国人自己解释自己。“中国学派”更多地是在国际比较层面，指中国在人类普遍问题上有了自己一套独特的看法、理论与概念体系。有比较，“中国学派”才有意义；不比较就没有意义。“中国学派”的对话对象是中国之外的所有视角，而不仅仅是海外中国研究和海外汉学。对于问题，中西各有看法，关键在于解决问题的过程中，中国能否逐渐提出自己的概念体系。

中国已经对外开放多年，许多人走出国门，不少人也已不满足于做中国本身的研究，“中国学派”的“势”已经逐渐形成。中国要开始了解、理解和解释世界的过去、现在、未来，不仅仅是西方，也包括亚洲、非洲和拉丁美洲。目前中国对周边国家的理解是不足的，这不利于维护国家利益，因此中国必须对其进行深入研究。

### （三）时势造就的“中国学派”

意识到中国与外国的认知方式不一样，运用中国不同的认知方式看世界，形成独特的看法并表达出来，是“中国学派”迈出的第一步，但迈出第一步其实是最难的，也是最关键的。由于中国的历史发展，不同年代的人看问题是不一样的。刚解放的三十年成长起来的第一代人对待西方既有独立也有普世的看法，往后的第二代人基本上对西方是仰视的态度，而现在的年轻人尤其是90后，对西方已经是平视了，此时就更容易出现独特的、不同的看法。中国人独特的但未必是统一的看法目前已经零星存在，下一步是要在更大的范围内形成斑斓纷呈的中国视角，然后再往下一步才是真正形成“中国视角”或“中国学派”。无论是了解别人还是了解自己，除了有愿望，还需要有能力、有学术功底。我们要意识到自己和别人有相似之处，又各有独特之处，既要了解别人的看法和担忧，也要独立地站在更高的层次去看问题。

王绍光认为，方法论是一个相对次要的问题，对于方法来说重要的是适合。当现有方法满足不了特殊需求的时候，才有必要构建一种新的方法。在没有解决概念、理论问题时，急着寻找独特的方法是不可取的。中国的经济力量就是中国的“势”，中国的强大给人们带来了“平视的自信”，而知识分子是这个大势的一部分。尽管中国人主观上不会有帝国主义的想法，但中国的强大在客观上会让周边国家感到威胁。因此，在未来的发展战略中，中国必须考虑和注意消除客观的帝国主义印象，坚持“势必在我，力需慎用”。

（余先发、高天宇整理）

# 中国政治学的主要趋势

**[编者按]** 改革开放后，中国政治学作为一门独立学科得以恢复。在四十年的发展之中，中国政治学取得了长足进步，但围绕着“中国政治学向何处去”这一问题，学界也存在不少争论。为此，北京大学讲席教授、政府管理学院院长、中国政治学研究中心主任俞可平发表文章《中国政治学的主要趋势》[1]，将中国政治学的演进趋势总结为七个方面。俞可平认为，改革开放后的政治学在政治逻辑和学术逻辑的双重变奏中曲折发展，要加速推进中国政治科学的进步，就必须改善学科的自身建设和外部的政治环境，促进国内外学术交流，加强社会科学的跨学科融合。国家治理的现代化，需要政治科学的繁荣。

## 一、从理论译介到本土研究

政治学在中国的产生和发展肇始于译介西方近代政治学著作。清末与改革开放之初，国内学者在这方面做了大量工作。但国外理论对改革开放后的中国政治缺乏解释力，于是在20世纪90年代后期，一些学者提出“中国政治学本土化”的诉求。主要包含三个方面的含义：其一，结合中国传统文化和现实情况来引进运用国外政治学理论，使之具有更强

---

〔1〕 俞可平：《中国政治学的主要趋势》，载《北京大学学报》2018年第5期。

的适用性和解释力；其二，构建“中国特色”的政治理论，即“理论本土化”；其三，立足中国现实，建构“中国特色”和“中国气派”的政治学理论和话语体系，并以此去拒斥和抗衡西方的政治学。第三种含义目前已经成为主旋律，很多学者担忧“中国政治学的话语权”被西方学者或亲西方学者把持，使得中国主流价值观和意识形态受到冲击。

## 二、从意识形态到政治科学

1949 年后，受到马克思主义经典理论的影响，政治学在中国被认为是一种意识形态工具。中国政治学的发展在一定程度上体现为“政治学在何种程度上成为相对独立于政治意识形态的社会科学”。政治学逐渐从解释和论证现实政治为主的政治形态转向以分析和研究政治规律为主的政治科学。其路径具体来说有两个方面：一是发挥政治学作为人文社会科学基础知识体系的作用，即知识化；二是把政治学当做是一个专门的体系，即专业化。而到了 21 世纪，中国政治学的知识化和专业化获得了突破性的进展，其突出表现就是学科的科学化水平显著提高。

## 三、从规范研究到经验研究

在传统政治学中，规范研究占据压倒性的地位。改革开放以来的一个明显趋势是：经验研究变得日益重要，其比重不断增大。在经验研究和应用研究中，有两个方面尤其受到重视。一是对策研究，二是基层研究或草根研究。中国政治学由来已久的传统就是经世致用，为党和政府提供政策咨询，从而服务于现实政治，这既是党和政府对包括政治学在内的所有社会科学的基本要求，也是许多中国政治学者的自觉意识。

## 四、从定性分析到定量分析

伴随着经验研究的增多，学者愈发重视定量研究。在年轻一代政治学者中，定性分析的传统压倒性优势正在逐渐消失。借助自然科学的方法对研究对象进行实验和证伪，通过数据分析寻找“因果规律”，运用数学模型进行精确的判断和预测，可以明显提高政治行为和政治事件研究的客观性、中立性和准确性。但这种转变十分缓慢，定性分析至今仍然在中国政治学研究中占有压倒性的优势地位。对定性分析和定量分析的重视和应用程度，在一定程度上反映着中国政治学共同体的代沟和分化。俞可平指出，少数政治学学者比较客观地看待定性分析和定量分析各自优缺点而试图“超越定性和定量之争”的现象值得关注。

## 五、从单一学科到交叉学科

中国政治学恢复之际正值多学科交叉研究方兴未艾之时。而后三十年间，政治学的重要交叉学科和分支学科几乎都被引入国内。中国政治学拥有的新兴交叉学科可以分属四个类型：一是借鉴别的学科理论方法研究政治问题，二是研究特定领域政治问题或政治现象，三是研究区域或部门政治现象，四是用政治学的理论和方法研究其他学科问题。中国政治学的主要成就并不在发展新兴的交叉学科上，而主要体现在借用其他学科的方法来深入对政治问题的研究上。政治学多学科交叉研究的另一个新发展，是近年兴起的“协同研究”。“协同研究”最初源于政府职能部门就社会经济和政治发展中的一些重大问题，邀集或委托相关学科的专家学者进行集体的攻关研究。国内政治学界通过两种方式积极参与协同研究。一是若干研究力量较强的高校或科研机构，建立协同研究机制，以政治学者为主体，邀请其他学科的学者参与重大政治问题的多学科合作研究。二是一些有相当影响力的政治学学者，以特邀专家的身份，参与其他学科的协同研究。

## 六、从政治制度到政治行为

传统政治学是一门关于国家理论和国家制度的学问。自从 20 世纪 60

年代美国政治学界发生“行为主义革命”后，国家制度在政治学中的这种压倒性地位发生了根本性的动摇。而在过去近四十年中，国内政治学界关于政治制度本身的研究也发生了重大的变化，从传统的制度分析发展到了新制度主义的分析。新制度主义深受中国年轻一代政治学者的青睐，成为目前政治学界的一种流行理论，诸如“路径依赖”、“制度创新”和“理性选择”已成为中国政治分析的关键概念。按照中国目前流行的政治学研究分类，政治制度仍然受到中国政治学者的高度关注，但政治行为正在日益成为中国政治学研究的重点。

## 七、从阶级统治到国家治理

马克思主义政治观的本质是阶级分析或阶级统治理论。从政治学恢复之日直至现在，这种阶级统治观一直是中国政治学的主流理论。而这种理论武器对于从革命党转型的执政党来说，局限性日益显现。2013 年中共十八届三中全会将全面深化改革的总目标确立为“完善和发展中国特色社会主义制度，推进国家治理体系和治理能力的现代化”。这一综合概念不仅涉及政治学，也涉及法学、社会学、公共管理学，甚至涉及经济学、教育学、民族学和审计学等众多学科。政治学的治理研究与其他学科产生了众多交叉。而在国家治理研究方面，中国政治学的另一个重点议题是“善治”，即国家治理现代化的理想状态或理想目标。

（高天宇整理）

# 当代中国政治的理论与实践

［**编者按**］ 中国的发展经验既不能用西方理论来解释，也不能用东亚威权模式来解读，中国的情况有其特殊性，中国应该发展出一套符合自身实际的理论。为此，《中央社会主义学院学报》刊发了“当代中国政治理论与实践”系列讨论文章。文章认为，中国要发展一套符合自身实际、能够解释自身经验的社会科学理论，需要正确理解当前面临的理论与实践、民主与权威、多元社会与人民中心间的张力问题。而中国政治在保持高度稳定的同时，已经逐步呈现出了鲜明的政治实践特点和话语特色，但我们仍然需要进一步找到目前面临着的尚未解决的深层挑战。相关文章刊于《中央社会主义学院学报》2018 年第 3 期。

## 一、理论与实践、民主与权威、多元社会与人民中心间的张力

中国要建立一套能够解释自身经验的社会科学理论，需要正确理解当前面临的理论与实践、民主与权威、多元社会与人民中心间的张力问题。

关于理论与实践，中国人民大学国际关系学院院长杨光斌认为，西方的社会科学理论其实是一种地方性知识，却借由全球化的进程变为一种全球化知识，并宣称具有普世价值。事实上，按照这种普世理论发展的国家大都失败了，而走不同道路的东亚却成功了。杨光斌指出，相较

于东亚其他国家和地区，中国是一个政府作用很大的强发展型国家。然而，中国经验也创造了若干可能具有普遍意义的产物，比如以党校为核心的干部培训系统和整体配套的工业园区。因此，中国模式对既有理论的重大挑战在于如何计算政治在经济发展中的作用。

关于民主与权威，杨光斌认为，中国面临着如何把历史和语言都存在差异的多民族国家组织起来的挑战。他主张中国应在权威、民主和法治之间维持一个动态平衡，即坚持党的领导、人民当家做主和依法治国三者统一。

关于多元社会与人民中心，杨光斌认为，不能以强调程序政治的合法性理论来解释中国。中国更强调民心政治，强调实质正义，所以应当重新讨论合法性的知识基础。他进一步指出，中国目前面临的最大挑战是政治秩序问题，要在坚持市场经济、接受社会结构多元化的同时保证人民主体性。而要保持人民主体性，就需要坚持中国共产党的领导。[1]

## 二、市场—民主化的因果机制

中国的发展对既有学术研究造成了巨大冲击。中国崛起消解了流行的市场—民主化的因果机制和选举—良治机制。

清华大学社会科学学院政治系教授景跃进指出，以政治体制改革为例，可以将其分为三个阶段。第一阶段和第三阶段形成鲜明对比，第二阶段则为过渡和转换，因而存在两种心态、两种认识和两种方案。第一阶段更多看到体制弊端，第三阶段则转向对体制比较优势的强调。但是在这个过程中，政治学与政治体制改革并没有形成良性互动，理论与经验之间反差很大，两种流行的因果机制都失灵了。

第一种因果机制认为，市场经济的推进除了会带来产权结构的变化外，也会带来国家与社会关系的变化（公民社会出现），中国政治走向西

---

〔1〕 杨光斌:《构建解释中国经验的社会科学理论》，载《中央社会主义学院学报》2018年第3期。

方自由民主制只是时间早晚问题。景跃进认为，这种理论忽略了“反向机制”的存在：执政党会使市场化的结果朝有利于自身的方向发展，尽可能控制负面影响。因此，现有体制成功地将市场经济、新兴社会阶层和新社会组织纳入了自身结构。第二种因果机制则认为，选举是达致良治的唯一通道。然而这是一种制度决定论的逻辑，选举可能带来好结果，也可能带来不好的结果。最近两年西方保守主义的回潮就使人们对选举产生了质疑和反思。

景跃进认为，中国崛起消解了市场—民主化的因果机制，第三波民主化的复杂后果消解了选举—良治机制。中国已经解决了“挨打”和“挨饿”的问题，现在要解决“挨骂”的问题。我们需要担负起可以与自由主义进行对话的理论体系和学术范式。〔1〕

## 三、尚未解决的深层挑战

中国政治在保持高度稳定的同时，已经逐步呈现出了鲜明的政治实践特点和话语特色，我们需要进一步找到目前面临着的尚未解决的深层挑战。

北京大学国际关系学院副教授汪卫华指出，坚持党的领导、人民当家做主、依法治国有机统一是对中国特色社会主义民主政治发展内涵的概括，它在制度特性、价值本位、运行方式上都不同于西方自由民主。然而，党的领导目前面临着一些尚未解决的深层挑战。其一，中国政治体制在不断因势改革，但“坚持党的领导”的长期、稳定的制度实现形式是什么并不清楚；其二，党政科层化产生了脱离群众的危险，必须予以重视。〔2〕

---

〔1〕 景跃进：《中国道路的学术之维：挑战与回应》，载《中央社会主义学院学报》2018年第3期。

〔2〕 汪卫华：《改革开放四十年中国政治实践和话语的变化》，载《中央社会主义学院学报》2018年第3期。

国家行政学院政治学教研部主任、教授时和兴提出了人民代表大会制度发展和完善的建议。首先，人民代表大会制度发展与完善的核心要义在于如何处理党的领导、人民当家做主和依法治国三者有机统一的问题。党的领导是根本保证，人民当家做主是本质特征，依法治国是基本方式。其次，推进合宪性审查、加强宪法监督和建立国家监察制度是对人民代表大会制度内涵和外延的发展和完善。最后，应重视人民代表大会作为立法机关的自身建设；加强各级人大及其常委会作为依法行使职权的工作机关建设，比如完善议事规则、专门委员会建设等；加强人大作为联系人民群众代表机关的建设，发挥好代表的作用；同时净化选举政治生态，维护制度尊严，规范政治生活秩序，推进公民教育，扩大公民参与，完善民主法治，弥合“制度鸿沟”，消除“特权场域”，消减“信任赤字”。〔1〕

（曹文姣整理）

〔1〕 时和兴：《新时代人民代表大会制度的发展与完善》，载《中央社会主义学院学报》2018年第3期。

# 中国共产党与世界政党高层对话会在京召开引热议

［**编者按**］ 政党作为国家政治生活的基本组织和重要力量，发挥着重要作用。政党可以是伙伴关系的推动者、全球发展的促进者、文明互鉴的践行者、生态环境的守护者，还可以在构建人类命运共同体的伟大历史进程中，不断贡献政治智慧和力量。十九大报告要求，中国要始终做世界和平的建设者、全球发展的贡献者、国际秩序的维护者。在此背景下，2018 年 11 月 30 日至 12 月 3 日，中国共产党与世界政党高层对话会（以下简称政党大会）在京举行，并通过了《北京倡议》。会议围绕“构建人类命运共同体、共同建设美好世界：政党的责任”的主题展开，来自 120 多个国家、近 300 个政党和政治组织的领导人共 600 多名中外代表出席。政党大会彰显了中国力量，汇聚了世界智慧，有利于推进共建人类命运共同体。会议引发广泛热议，相关讨论颇有参考价值。

## 一、政党大会：彰显中国力量

中国共产党与世界政党高层对话会在京召开，体现了中国力量，彰显了中国自信，是中国共产党作为全球第一大党，勇于承担责任的表现。当今世界，除了中国共产党，其他政党没有召开全球政党会议的能力，因为这需要两个条件：一是国家要有足够的实力和号召力，二是政党要有足够强大的实力和号召力，两者缺一不可。中国社会科学院中国特色社会主义理论体系研究中心研究员王红艳和梁跃民认为，中国共产党是为中国人民谋幸福的政党，也是为人类进步事业而奋斗的政党。十九大报告强调，坚持推动构建人类命运共同体。中国共产党始终把为人类作出新的更大的贡献作为自己的使命。在中国特色社会主义进入新时代的背景下，此次世界政党高层对话会，正是中国共产党履行一个伟大政党应尽责任的体现。〔1〕

法制网发文指出，政党大会的召开再显“中国自信”，中国发展世界瞩目，九十六载风雨兼程，九十六载艰苦卓绝，中国共产党带领中国从贫穷落后的旧社会走向小康富足的新时代，在中国特色社会主义进入新时代之际举办政党大会，诠释出中国共产党的自信。〔2〕

澳门科技大学社会和文化研究所博士、CCG 特邀研究员张胜磊认为，此次大会的召开，体现了中国特色大国外交理念，凝聚了构建人类命运共同体的共识。伴随着中国特色社会主义进入新时代，中国前所未有地走近了世界舞台中心，开启了中国特色大国外交的历史征程。中国坚持合作共赢大方向，日渐参与到全球治理中来，以长远的眼光、务实的担当、真诚的合作，推进与各国的友好关系。〔3〕

## 二、世界政党高层对话：汇聚世界智慧

中国共产党与世界政党高层对话会的成功举行，标志着汇聚世界各政党智慧与力量的新平台应运而生，必将有力地推进人类命运共同体建设。王红艳和梁跃民指出，十九大报告要求，中国要始终做世界和平的

〔1〕 王红艳、梁跃民：《政党对话，提升人类政治文明（新论）》，载《人民日报》2017年12月2日。

〔2〕 法制网：《全球政党大会再显“中国自信”》，载法制网，http：//www.brtn.cn/news/36eb21jlmtf9mpomu9t79mbao8j，最后访问日期：2018年1月8日。

〔3〕 张胜磊：《“中国共产党与世界政党高层对话会”展现新时代大国魅力》，载中国与全球化智库，https：//mp.weixin.qq.com/s/ufsF5HZ5MqDD-SX4Stj4Hw，最后访问日期：2018年1月8日。

建设者、全球发展的贡献者、国际秩序的维护者。当今世界有数千个政党，但迄今为止这些政党之间没有一个拥有能够进行有效交流和对话的大平台，各种误解、分歧乃至对立无法得到及时处理和有效化解。此次对话会，使世界各国政党能够直接对话、广泛交流和充分协商，创建一个能够展示各自优长并相互借鉴的政党交流合作机制，不但在人类历史上是第一次，而且对于推动国际秩序朝着更加公正合理的方向发展，促进世界和平、稳定与人类共同繁荣发展具有实质性作用。〔1〕

中国国际问题研究院国际战略研究所所长陈须隆认为，政党大会的成功举办给世界带来一个重要启迪：不同国家政党应该增进互信、加强沟通、密切协作，探索在新型国际关系基础上建立求同存异、相互尊重、互学互鉴的新型政党关系，搭建多种形式、多种层次的国际政党交流合作网络，汇聚构建人类命运共同体的强大力量。构建人类命运共同体，呼唤人类社会智慧与力量的大聚合。中国共产党与世界政党高层对话会的成功举行，标志着汇聚世界各政党智慧与力量的新平台应运而生，必将有力地推进人类命运共同体建设。〔2〕

西班牙中国政策观察中心主任胡里奥·里奥斯认为，世界各国政党应当坚持“两条腿走路”，一方面着眼于解决好国内的问题，另一方面也应当积极参与全球治理，为人类的发展共同出谋划策。在这一点上，中国共产党为世界其他各国的政党做出了表率。在全球政党对话中，中国共产党将自身治国理政的经验拿出来与其他政党共同分享，这些经验弥足珍贵，对其他政党有很高的参考价值和学习意义。通过这次的对话会，世界各国政党已经在事实上建立起了一种新型的全球合作治理模式——建立在相互学习、分享经验、互利互惠、合作共赢基础上的新模式，为

〔1〕 王红艳、梁跃民：《政党对话，提升人类政治文明（新论）》，载《人民日报》2017年12月2日。

〔2〕 陈须隆：《全球政党大会为世界政党交流提供新范例》，载海外网，http://opinion.haiwainet.cn/n/2017/1206/c232645-31197549.html，最后访问日期：2018年1月8日。

未来进一步改善全球治理、提高各国政党的执政能力开启了新的篇章。[1]

## 三、《北京倡议》：推进人类命运共同体建设

《北京倡议》推动各国政党共建人类命运共同体，有利于世界文明的进步。十九大报告指出，中国特色社会主义进入新时代。从外交来看，中国外交事业也进入了新时代，中国日益走近世界舞台的中央，不断为人类做出中国贡献，为人类问题的解决贡献中国方案。“中国共产党是为中国人民谋幸福的政党，也是为人类进步事业而奋斗的政党。”正是在这样的时代背景下，中国共产党主持召开了全球政党会议，并通过了《北京倡议》。中央党校马克思主义学院讲师李双套认为，《北京倡议》对于政党在构建人类命运共同体、共同建设美好世界应该承担的角色进行了重要论述——政党在构建人类命运共同体、共同建设美好世界伟大进程中作用巨大，担子很重。相信中国共产党与世界政党高层对话会是一个契机，也是一个开始，必将推动政党作用的进一步发挥，在经济发展、政治稳定、环境保护方面奉献更大的力量，一个更加美好的世界即将到来。[2]

中国现代国际关系研究院危机管理研究中心主任、世界政治所副所长、研究员陈向阳认为，《北京倡议》内容丰富，思想深刻，是中国智慧与人类心声的有机统一，展现了中国共产党作为世界上最大的政党的“国

---

〔1〕 胡里奥·里奥斯：《北京对话会使各国政党建立起全球合作治理新模式》，http：//news. china. com/internationalgd/10000166/20171205/31764297. html，载光明网，最后访问日期：2018 年 1 月 8 日。

〔2〕 李双套：《〈北京倡议〉推动各国政党共建人类命运共同体》，载央广网，http：//news. cnr. cn/comment/sp/20171206/t20171206_ 524052461. shtml，最后访问日期：2018 年 1 月 8 日。

际引领力”和“政治话语权”，对优化当代国际关系理念与实践、国际法、世界政治思潮必将产生深远影响。[1]

（向阳整理）

〔1〕 陈向阳：《〈北京倡议〉解读：共建人类命运共同体的“中共引领”》，载中国网，http：//www. china. com. cn/opinion/theory/2017 - 12/04/content _ 41964341. htm，最后访问日期：2018 年 1 月 8 日。

# 政党政治的跨国历史比较

**[编者按]** 近年来，政党政治作为现代政治的基本形式之一陷入了裹足不前的境地中：在意识形态、政纲政策、政治基础与动员方式、组织运作模式等方面，现代政党政治似乎都难以应对时局变化所带来的新挑战。对此，2018 年 8 月，清华大学公共管理学院长江讲座教授王绍光在《文化纵横》[1] 发表文章，对政党政治问题进行探讨。通过对现代政党政治的跨国历史比较，王绍光廓清了现代政党的历史起源、不同类型及其衰落的根源，进而指出：中国共产党是国家的缔造者和建设者，唯有从“政党国家化”的角度方能理解共产党不同于西方政党的特殊性所在。

## 一、“党”的定义不断变化

纵观政党政治历史，政党从 17 世纪末的“精英党”或“干部党”发展到 19 世纪中叶的“大众党”，“党”的定义在不断发生改变。从 17 世纪下半叶开始一直到 19 世纪上半叶，“党”的含义基本都是议会内政客们拉帮结派形成的小圈子。用现代学者的话说，当时的党都是“精英党”或“干部党”。19 世纪中叶，“党”的含义发生了巨大变化。1848 年，欧洲很多国家爆发了革命，“大众党”的概念随即出现。与以往不同的是，

〔1〕 王绍光：《政党政治的跨国历史比较》，载《文化纵横》2018 年第 4 期。

大众党不是形成于议会小圈子之内，而是形成于议会之外。它的出现主要与社会主义运动和民族主义运动的兴起有关，因为它们都会动员广泛的大众参与。19 世纪末，“精英民主”的理念事实上成为党的理论基础。这种理论认为，政党应是由精英治理的，这与普通党员关心的按照自己的利益诉求来改造现实的社会并不一定保持一致，因而蕴含了日后的危机。

## 二、美国政党的特殊性

相比之下，美国政党与其他各国政党不同。现代政党的主流是大众党，但美国政党实际上还是精英党，美国选举就是一小撮精英在操控选民，其政党体制具有特殊性。美国没有大众党，因为美国没有真正的社会主义运动。究其原因，主要是美国的移民来源比较多样，分裂的移民很难被组织起来。美国的共和党与民主党都不是大众党，它们没有党纲、党员和严密的党组织，而几乎纯粹是一个选举机器，目的是使精英赢得选举。

## 三、政党在西方衰落

从 20 世纪 50 年代开始，西方政党逐渐走向衰落。一方面，20 世纪 60 年代欧美国家基本实现了普选，但民众期望影响国家走向的想法并未能从选举权中充分获得，因而大众党对他们也不再具有吸引力。另一方面，20 世纪 60 年代民族国家的基本格局大致形成，精英以民族主义动员民众的动力慢慢消失，只关注如何赢得下一次选举。在欧洲，传统政党很难再得到人们的信任；在美国，认同民主、共和两大党的“党人”也越来越少。传统政党衰落后，要么出现由传统政党推出的非传统候选人，要么出现由边缘政党推出的候选人，但他们完全没有或没有多少执政经验，指望他们能带来人民希望的变局，无异于缘木求鱼。

## 四、中国共产党是国家的缔造者和建设者

不同政党在不同国家、不同时期都是不同的，不能归为一类，中国共产党亦是如此。首先，中国共产党追求的是整体的利益，代表人民的利益；其次，中国是党、军、国三位一体，党是国家的一个组成部分。从国家角度来看，中国共产党既是国家缔造者（nation-builder），又是国家建设者（state-builder）。中国共产党所具备的组织能力，使它很好地承担了国家缔造者的职责。它把中国这个原本一盘散沙的 nation，组织成了一个坚实的整体，这与它广泛的社会基础和较强的组织基础与组织能力有关。中国共产党所发挥的国家能力，使它很好地承担了国家建设者的职责。在四项最基本的国家能力上，它发挥着支撑性作用：强制、统领、濡化和吸纳整合的能力，这依靠了其庞大的党员群体和支部数量。

## 五、中国共产党面临的挑战

中国共产党作为国家的一部分，也面临着一些严峻挑战。首先，中国共产党作为执政党，受到官僚主义与精英主义的影响，有变得腐化或退化的风险。其次，改革开放后，社会流动性增强，党组织布局方式与社会经济结构逐渐脱钩。最近几年，中国共产党在基层党组织建设方面已经作出了一些新的尝试，如楼宇党建、社区党建、农村党建等。与此同时，中国共产党已经意识到，党组织应当扁平化。这一轮党和国家机构改革，就是要精简机构，简化中间层次，实行扁平化和网格化管理。今天的中国共产党，不仅要强调意识形态建设，还要强调组织建设。但在这方面，目前可能很难提出一个总体方案。要依据改革开放的经验，党中央给一个大方向，各地自主探索，由实践出真知。

（李祺整理）

# 治理研究，正本清源

**[编者按]** 十八届三中全会提出“国家治理体系和治理能力现代化”后，“治理（governance）”一词开始进入中国政治的主流话语体系，在此之前，关于“治理”的讨论仅限于学术界。清华大学公共管理学院长江讲座教授王绍光在《开放时代》上发表文章《治理研究：正本清源》[1]，对“治理”一词进行了谱系学的分析，试图厘清基本概念。王绍光认为，过往的主流治理研究基本上是一种新自由主义的规范主张，缺乏扎实的实证性根基；治理研究不应该赶时髦，“治理”这一概念应该回归本源形成自己的话语体系。

## 一、“治理”的流行与三股暗流

“治理”一词的流行与近二十多年来涌动的三股暗流有关。王绍光运用福柯式的谱系学分析指出，“治理”是一个沉寂了几百年的古老西方名词，其使用频率暴增发生于20世纪90年代，变化则开始于20世纪60年代。由于“government”容易让人联想起中央政府，所以在教育机构管理与都市管理这两个涉及管理但又不完全由中央政府管理的领域中，研究者对“government”避而不用，而使用“governance”一词。20世纪80年代，城市管理与公司管理领域也开始大量使用“治理”一词。而“治理”

[1] 王绍光：《治理研究：正本清源》，载《开放时代》2018年第2期。

进入政府管理领域和公共领域则与 80 年代末三股暗流的推动密不可分。

第一股暗流最强劲，来自于欧美发达国家，与福利国家的危机有关。第二次世界大战后的前三十年，受两极格局和经济高速增长的影响，欧美国家开始发展福利国家。但 20 世纪 70 年代初期的石油危机、布雷顿森林体系的终结以及其他种种原因使资本主义国家的经济增长戛然而止，福利国家的黄金时期难以为继。欧·康纳（James O' Connor）的《国家的财政危机》、哈贝马斯（Jürgen Habermas）的《合法性危机》以及亨廷顿（Samuel P. Huntington）等学者向美欧日三边委员会提交的研究报告《民主的危机：有关民主政体可统治性的报告》，均从不同的方面对当时的危机进行了深层次的分析。这三本书实质上说的是同一件事，即资本主义国家的阶级妥协需要付出高昂的代价，继续增加福利是国家难以承受的，国家的角色必须做出调整。随后新自由主义打着“私有化”和“自由市场”的旗号开始实行亨廷顿所推荐的“让国家缩水”策略，“治理”一词开始正式流行。

第二股暗流来自于发展中国家。发展中国家经历了 1970 年代的发展，在 1980 年代开始陷入经济衰退。各方都试图找出发展中国家经济衰退的病因，世界银行则认为，这些地区面临的最大麻烦是国家管理经济的方式不当、能力不足，其角色必须做出调整。第三股暗流是全球化。第三波全球化正是在 1980 年代中期开始备受关注。新一波全球化对世界各国都是一个严峻考验。商品、资金、技术、信息甚至人口跨越国境流动的规模越来越大，很多问题并非一国政府就能解决，这要求对国家的角色作出调整。

## 二、“范式转移说”缺乏实证效果

“范式转移”只存在于规范意义上，缺乏实证效果。范式转移说主张，公共管理过去是政府用从上到下的层级式方式管理，政府现在则不再是公共管理的唯一中心，还有诸多非政府的中心，且各个中心之间是水平关系而非从属关系，政府必须与非政府的合作者一起管理公共事务。对此，国内也有学者加以赞同。王绍光引用其他学者的观点，将范式转移的实质认定为“政府撤出，市场取而代之”。他认为范式转移论背后有三个假设：其一，政府不应该是影响社会经济的唯一角色；其二，权力应该更广泛地分布，从政府单极分散到许多独立的非政府的权力中心；其三，市场优于政府。总之，所谓范式转移就是要改变国家角色。

王绍光认为，“良治”（good governance）是带有新自由主义意识形态色彩的概念，讨论范式转移的人，除了一些能够清醒地划清界限的人，往往有意无意地成了新自由主义的帮手。范式转移说实际上是一种规范性理论，而不是实证性理论。理论发生了改变，但是现实并没有多大变化。王绍光质疑“良治”的作用，认为良治的指标与良治的好处之间往往存在循环论证。世界银行的良治指标在很长时间内都没有接受任何实证检验。良治指标带有西方主流意识形态色彩，良治指数高与经济发展的好有时候并无直接关联，近年来发展较快的国家（如中国、越南、印度等）在良治排行榜上的地位并不高。

## 三、回归“治理”本源

“治理”的使用已经空洞化，中国应该回到“治理”一词的本源，形成自己的话语体系。治理研究在过去二十来年养活了一大批学者，赶时髦的大学数不胜数。其在各个学科之间大范围扩散，有些人将其视为能够将各个学科连接起来的概念。而实际上，“治理”一词的含义、用法极其模糊混乱。治理无处不在，几乎可以代指任何事情，而这正使其变得空洞化。“治理”同其他时髦的大词一样，含义太广，延展性太强，“概念拉伸”的问题表现得尤其严重。王绍光指出，这些概念模糊的大词对分析、认识现实世界毫无帮助，只会让人更加糊涂，其唯一的功用就是让欧美主流意识形态占据道义上的高地。

实际上，西方对于治理文献的反思已经进行了一段时间了。福山在

2013 年发布文章《何为治理?》，批评现有文献过于关注国家是否以某些特定的方式治国理政，而忽视了国家能力。他建议将“治理”定义为“政府制定和执行规则的能力以及提供服务的能力，与政府是否民主无关”，而这或许更加接近这个词的原意。王绍光主张，“治理”概念不应被完全抛弃，但需要让它回到英文“governance”和中文“治理”的原意，它指的是公共管理（包括治国理政）的方式、方法、途径、能力，而不是任何特定的方式、方法与途径。党和国家提出的治理体系和治理能力这套话语包括两个方面：一方面是做事的方式、方法和途径，另一方面是治理国家的能力。这就回到了治理的本源，形成了自己的话语体系。

（高天宇整理）

# 从乡建到革命

**[编者按]** “乡村建设”是百年来中国社会发展的重要课题。《开放时代》2018年第3期组织了“从乡建到革命”的专题讨论，诸多学者发表了相关文章。学者普遍认为，乡村建设不仅贯穿了中国近现代社会发展的整个过程，而且对当今中国的发展具有重要意义，“乡村建设”是一个复杂的系统工程，在此过程中要充分发挥党的领导作用和农民的主体作用。

## 一、乡村建设与乡村革命存在很多互动

乡村建设与乡村革命长期广泛地存在于现代中国，并存在很多互动。需要以充分的乡土自觉和国情意识，结合更为多样且具体的历史经验消除误解——乡村建设与乡村革命是二元对立的。重庆大学人文社会科学高等研究院副教授潘家恩[1]认为，应该把乡村建设和乡村革命置于全球资本扩张和现代中国内外环境变化这一宏观背景下进行理解。他指出，正是建设与革命的互动转化，让我们认识到中国革命的特殊性与复杂意涵。不应简单地把乡村建设与乡村革命以决胜负的方式放在同一擂台上进行比较与成败评判，因为它们本来就是特定历史条件下的动态产物。西南大学中国乡村建设学院助理研究员杜洁[2]也认为，20世纪上半叶，

---

〔1〕潘家恩：《重思乡村建设与乡村革命》，载《开放时代》2018年第3期。

〔2〕杜洁：《从“炸弹”到“微生物”——卢作孚乡村建设思想中的革命意涵》，载《开放时代》2018年第3期。

无数仁人志士以救国图存的责任感和使命感，用多种形式探索中国社会的内部变革。在此过程中，西方革命话语被引入，与其不同的多种社会变革探索，被称为改良或改革。但是，当我们重新审视中国近代历史，就会看到这样的二元划分过于简单。

## 二、乡村建设对当今中国仍有意义

“乡村建设”不但是贯穿于中国近现代社会发展整个过程的重要课题，而且对当今中国的发展仍具有重要的意义。南开大学历史学院王先明教授[1]指出，近代农村复兴思潮的兴起，实际上包含着对近代以来中国社会发展路径的认知与反思。自鸦片战争以来，因为忽略了中国的国情，学习西方的现代化之路（城市化、工业化）并没有成功，中国的工商百业依托于乡村，一旦乡村崩溃，全国也会接近崩溃。这导致了中国近代外不能应付国际侵略，内不能维持一般秩序。他进一步指出，城乡社会的共进共荣才是中国现代化发展的理想追求，这也是从根本上解救乡村危机的必由之路。同样，中国人民大学农业与农村发展学院仝志辉教授[2]也认为，乡村建设是对百年来一直存在的城乡背离、工业化和城市化牺牲乡村发展的根本问题的自觉克服，唯有进行乡村建设，才能消除城乡差别，实现中华民族的伟大复兴。

## 三、乡村建设是一个系统工程

“乡村建设”并不是一个简单的单一过程，而是一个复杂的系统工程。在此过程中，要充分发挥党的领导作用和农民的主体作用。杜洁[3]

---

〔1〕 王先明：《从农村复兴到乡村振兴的百年跨越》，载《开放时代》2018年第3期。

〔2〕 仝志辉：《20世纪50年代乡村改造：没有乡建派的乡村建设》，载《开放时代》2018年第3期。

〔3〕 杜洁：《从“炸弹”到“微生物”——卢作孚乡村建设思想中的革命意涵》，载《开放时代》2018年第3期。

首先指出，“乡村建设”追求的不是疾风骤雨的社会秩序“破—立”革命，而是以“建设”的方式，从多种层面改变社会土壤，进而形成深层的社会革命。接着，她通过阐述卢作孚“关于社会变革的微生物理论”，总结出社会建设追求的不是对政治上单方面的激进暴力革命，而是将政治、经济、文化等多个层面视为系统的社会整体，因地制宜地进行有计划的革命性社会建设。西南大学中国乡村建设学院讲师李军[1]认为，“平教会的乡村建设”虽没有获得成功，却给了我们深刻的启发：“乡村建设”需要强有力的组织力量，需要改变传统的乡村的权力结构；如何通过有效治理进而内生地、低成本发动民众，是乡村建设或乡村革命获得成功的关键。在对延安“乡村建设”再理解的过程中，长江师范学院高明博士[2]指出，边区建设之所以获得成功，得益于三个创造性措施：其一，基层政权领导农村生产；其二，动员、组织劳动力权力投入生产；其三，延安乡村建设不单着力于农业生产，同时还扶植其他产业的发展。他进一步主张，虽然中共乡村建设的初衷是为了使农民摆脱贫困状态，以支持战争动员，但随着实践的深入，已经远远超出了物质需要的层次，逐渐扩大到了社会概念、文化教育和文艺娱乐等层面，实际上推动了更为深刻的社会革命。

在新一轮的“乡村建设”中，中国共产党发挥着巨大的作用，仝志辉[3]指出，20世纪50年代共产党将发挥党组织的农民的作用视为开展农业合作化的关键。农民在党的领导下、农民先进分子的组织下成了乡村建设的主体力量。把代表公共利益的合作社的发展和家庭利益统一起来，在很大程度上克服了民国时期“农民不动”的困境。

从解读政策方面入手，王先明[4]指出，新农村建设目标获得了制度保障，纳入了国家建设规划，发展中的不平衡性必将在发展中获得新的

[1] 李军：《从创置社田到农地减租》，载《开放时代》2018年第3期。

[2] 高明：《不激进的革命——延安乡村建设再理解》，载《开放时代》2018年第3期。

[3] 仝志辉：《20世纪50年代乡村改造：没有乡建派的乡村建设》，载《开放时代》2018年第3期。

[4] 王先明：《从农村复兴到乡村振兴的百年跨越》，载《开放时代》2018年第3期。

平衡。“新农村建设命题”至2005年再度聚焦，成为全面推进农业农村工作的总纲领。更重要的是，新农村建设思想获得了新的时代内涵，即以经济建设、政治建设、社会建设、文化建设和生态文明建设为内容，完成了近百年思想演变的历史性跨越。新农村建设思想在历史的演进中不断充实和完善，并在新时代的战略规划中获得了新的高度。李军[1]认为，2018年的中央一号文件中，对实施乡村振兴战略进行了全面部署，其中也提到乡村治理新体系和强化乡村振兴投入保障，可见超越“改革—革命”的二元视角，重新认识“平教会”等民国乡村建设团体真正的经验和教训，既是百年乡建的历史问题，又是现代中国的时代命题。

（向阳整理）

---

〔1〕 李军:《从创置社田到农地减租》，载《开放时代》2018年第3期。

# 革命中的婚姻与家庭

**［编者按］** 自抗日战争时期以来，妇女解放和婚姻家庭改造便始终是中国共产党革命和建设的重要着力点。抗日战争时期共产党在陕甘宁边区的妇女政策经历了从“走出家庭”到“巩固家庭”的嬗变，“延安模式”实现了马克思主义妇女解放理论的本土性提升。相比之下，1950 年《婚姻法》所要建立的新民主主义家庭则具有新文明创制性特征。相关讨论刊于《开放时代》2018 年第 4 期。

## 一、抗战时期妇女政策：从“走出家庭”到“巩固家庭”

中华女子学院社会工作学院讲师王颖梳理了抗日战争时期共产党在陕甘宁边区的妇女政策，认为其经历了“走出家庭”到“巩固家庭”的嬗变。她表示，这一马克思主义妇女解放理论本土化的实践重塑了妇女、劳动、家庭和集体的内涵和意义。〔1〕

首先，“走出家庭”的理论渊源是马克思主义妇女解放理论和五四新文化运动的妇女观，其实践考量是抗战和妇女权利保护等政治因素。1942 年前，它包含着妇女与家庭分离、与集体整合两个层次。借助行政动员、分配方式改革、传统伦理和宣扬新的劳动观念、劳动道德等方式，经由组建集体组织吸纳劳动妇女和表彰妇女劳动英雄、改造“二流子”

---

〔1〕 王颖：《走出家庭与巩固家庭：抗日战争时期陕甘宁边区的妇女解放（1937—1945）》，载《开放时代》2018 年第 4 期。

两大路径，共产党确保了“走出家庭”的实现。王颖认为，集体劳动组织在生产之外，也赋予妇女一种公共集体中的政治角色。而经由后一条路径，共产党介入到乡土生活和伦理道德的重建中。

其次，“巩固家庭”的转折始于1943年，它整合了集体生产与家庭生产，对妇女的生产动员取代了政治动员，这一妇女解放实践跳出了共产国际强调走出家庭的理论和实践窠臼。其实现方式包括婚姻自主改革和建设新家庭。前者改善了妇女在婚姻中的处境，也为共产党介入家庭、动员组织妇女提供了正当性。后者在家庭中引入了民主观念，使得政党的政治诉求成为家庭正当性的维度之一。由此，妇女经济政治的主体身份得以确立，家本位的传统家庭伦理秩序也得到了符合革命和性别需求的改造。

再次，现代与传统、政治与经济、理想与现实的冲突和需要决定了“走出家庭”与“巩固家庭”之间也存在着统合和张力，这主要体现在劳动、集体化、传统伦理和革命理想的整合上。劳动赋予妇女人格尊严和独立的经济政治地位，但并没有消除性别和家庭内外分工的差异。集体化的劳动组织确保了妇女解放的个体诉求、富裕和睦的家庭诉求和共产党的集体诉求得以实现，而集体组织本就矛盾丛生。现代革命理想和传统伦理在激荡中虽然一定程度上形塑了彼此，但并未完全改变既有的性别伦理秩序。共产党不断调试的妇女政策和曲折的妇女解放进程就是以上张力在实践中的体现。张华的研究也得出了同样观点，他认为，1950年《婚姻法》是多种理念和经验纠缠的产物。[1]

最后，王颖主张，应该运用革命逻辑来审视共产党的妇女政策，而不能将其置于妇女与民族国家二元对立的语境中进行讨论。在她看来，中共的妇女解放理论和实践在处理共产主义、民族解放与妇女解放的关系，以及应对传统文化和社会现实上是成功的。

---

〔1〕 张华：《“民主和睦”：1950年〈婚姻法〉的宣传实施与新家庭建设》，载《开放时代》2018年第4期。

## 二、1950年《婚姻法》：新民主主义家庭建设何以可能

重庆大学人文社会科学高等研究院讲师、重庆大学共和国研究中心主任助理张华通过对1950年《婚姻法》的宣传实施进行历史考察，论述了“团结生产”和“民主和睦”的新民主主义家庭建设何以可能。其一，古代“齐家”理念使得“民主”的两种本土化理解弥合了传统集体秩序与现代个体权利平等的分歧。将政治上的民主建设经验移接到婚姻家庭中，政治民主转化为家庭成员间“有事大家商量”的协商式民主；其二，传统儒家家庭制度、家庭成员之间感情因素以及家庭会议和干部解决家庭纠纷的灵活策略有助于和睦家庭的实现。在他看来，协商式民主下的新民主主义家庭因家人强势或温和而有专制和民主程度不同的面向。

## 三、土地和集体化改革：妇女解放的条件及进路

广东外语外贸大学政治与公共管理学院社会工作系讲师刘亚的研究侧重关注20世纪50年代华南农村妇女的个体“解放”体验在婚姻、土地和集体化改革中所呈现的复杂性与矛盾性，并进一步探究了妇女解放的条件及进路。[1]

首先，婚姻改革是性别平等的前提，但《婚姻法》对阶级和性别关系、妇女生活及家庭地位的重构，需要集体化改革协同作用。她表示，婚姻改革的官方话语受到质疑的根源在于政策影响的滞后性和传统伦理规范的阻碍，当时的婚姻改革是符合妇女意愿的。

其次，土地改革并未推动性别平等和带给妇女婚姻自由，反而巩固了家庭财产基础、强化了家长权威。同时，土改与互助合作一道，推动

---

〔1〕 刘亚：《“解放”的历程——20世纪50年代华南农村妇女的生产与社会再生产》，载微信公众号“开放时代杂志”，2018年7月19日，https://mp.weixin.qq.com/s/K6l4bjLYbYjN_YWHGInDWw，最后访问日期：2018年8月11日。

了妇女进入公共生活领域，扩大了男女交往空间，动摇了传统婚姻制度。

再次，集体化改革最终确立了妇女的劳动主体性。妇女劳动范围的扩展和生产力的发展推动着性别劳动分工的消亡，但性别差异及家庭改革的迟滞导向了男女实质的不平等。

最后，长远地看待集体化改革和妇女解放运动才能得出公正评价。生产领域的变革只是妇女解放的必要条件，妇女的彻底解放有赖于家庭变革，而这还任重道远。

（余先发整理）

# 人民共和国的文明内涵

［**编者按**］ 在文明复兴与多样现代性的诉求推动下，对新中国史的自觉与对中国文明的自觉逐渐成为学界的共识。文明（轴心性）与现代性的关系问题，则为中国革命与社会主义实践经验的梳理与反思提供了新的理论视野。为此，2017 年 11 月 4 日至 5 日，第十五届开放时代论坛以“人民共和国的文明内涵”为主题在重庆大学人文社会科学高等研究院举行，该论坛旨在聚焦人民共和国的文明内涵，展开跨学科探讨，立足国史经验，从思想、观念、行动、制度、结构等方面深入挖掘，从中领略中西古今的碰撞交融。相关内容刊于《开放时代》2018 年第 1 期。

## 一、从文明史来理解人民共和国

文明史是理解人民共和国实质内涵的重要视野，新中国的革命传统不仅接续了古代的文明传统，而且其本身也创造了一种新的文明。重庆大学人文社会科学高等研究院教授李放春认为，新中国作为一个“新”的共和国，它不应该是一种和过去彻底断裂的“新”，而是一种在历史文化遗产基础上的转化和创设。北京大学法学院副教授章永乐则从《宪法》序言的开头出发，认为“革命”与“文明”并不是分离的，“文明”中就包含了“革命”，这种“光荣的革命传统”不仅是传统文明的延续，而且已经成为中华文明的一部分。中山大学人类学系教授谭同学也认为，文明的延续与革命形成的新传统是辩证统一的关系，文明与革命既有平行也有交叉的地方，其相互作用机制应是未来研究的重点。

## 二、从文教传统来理解人民共和国

新的人民共和国蕴含着新的文教传统，它具有自身的独特性和主体性，同时也在实践中开拓出一种应对现代性的普遍方案。复旦大学哲学系教授丁耘认为，相比于新中国的前三十年，后三十年新中国的人文社会科学在与国际化接轨的过程中丧失了自身的学术主权，从而消弭了前三十年新中国学术传统中所蕴含的各种可能性。中山大学博雅学院教授肖文明通过解读毛泽东的《在延安文艺座谈会上的讲话》来解释政治与文艺的关系。他认为在现代社会高度分化的状况下，“文艺服务于政治”实际遵循的是一种去分化的逻辑，发挥着政治整合的作用，具有某种反现代性的意味。不过，重庆大学人文社会科学高等研究院教授郭春林指出，肖文明还需阐明社会主义文艺的政治性和西方社会学理论的政治性的关系与区别。而上海师范大学人文与传播学院教授董丽敏也认为，毛泽东在该文所谈的“政治性”具有具体的历史情境，即在抗日战争的大背景下完成一个双重的使命——既是民族解放，又是阶级解放，因而其反对的对象也是特定的，即所谓掌握高级文化的领导层。与此同时，中国现代文学的产生也具有双面性，它本身是在反抗近代中国半殖民地半封建化的过程中诞生的，与发达资本主义国家的现代文学的功能定位存在区别。

## 三、从人民来理解人民共和国

人民共和国的最重要特征在于“人民性”，“人民”是中国共产党和现代中国取得惊人成就的关键，而“人民”的退场也是世界各国近四十年来无法应对结构性危机的原因。对此，北京大学国际关系学院教授潘维指出，“人民自治”并不能靠群众自身来实现，它需要精英的组织和教化，因而只有掌握自治领导权的组织才能真正掌握执政权。面对如今基层组织涣散、群众缺乏组织的状态，新时代中国特色社会主义的一个重要任务在于重建社会，在党的领导下把分散的群众组织成人民，让群众信任党、热爱党，让党的基层组织监督上级组织，让人民对美好生活的向往自下而上地支配执政者，支配执法机关乃至宏观政策。中国人民大学政治学系副教授欧树军认为，中国政治理论和政治哲学的独特性在于“人民”。与西方话语中人民被建构出来之后就被束之高阁的情况不同，“人民”在中国始终是具有强大生命力的政治实体，人民与共和国是相互发明的关系，它本身是民主革命和社会革命的产物，中华人民共和国的特殊性也在于用人民共和来包容阶级共和与民族共和。从工农共和国走向人民共和国，我们也可以看到人民的包容性逐渐增强，是一个动态发展的过程。

（叶开儒整理）

# “前三十年”国家与社会关系的海外中国研究述评

**[编者按]** 近十余年来，新中国成立的前三十年成为学界研究的热点。与传统集权主义模式的宏大叙事不同，“新革命史”采取的是地方史和微观史视角，试图超越旧的革命史叙事、现代化叙事和集权主义叙事，在一定程度上涉及国家与社会关系的再思考。但是这种研究在方法概念辨析和理论思考方面相对缺失，也忽视了以社会科学为学科背景的相关海外中国研究已经取得的进展。为此，中山大学博雅学院副教授肖文明在《开放时代》2018 年第 6 期发表《超越集权主义模式：关于“前三十年”国家与社会关系的海外中国研究述评》一文，梳理和评析相关海外中国研究，为“新革命史”等历史叙述提供了理论参照。

## 一、对集权主义模式的理论反思

集权主义概念源于墨索里尼和纳粹德国时期，“冷战”之后则广泛用于斯大林时期的苏联研究。虽然存在不同概念界定，一般认为集权主义国家形象是一个高度一体化的国家与社会，国家全面渗透社会。但是这种高度一体化的国家观是值得斟酌的，有些学者认为集权主义的概念遮蔽了实际情况。在集权主义国家中，社会的张力始终存在，国家与社会始终处于一种冲突之中，国家并非总能占据上风。

## 二、对既有的海外中国研究成果的梳理

早期中国研究的主导框架是集权主义模式认为，中国并不存在独立的社会。但是，伴随着中国研究的推进，也有越来越多的学者挑战集权主义模式，并试图提供替代性的理论概念。较为相近的还有派系主义模式，凸显多元主义的色彩。新传统主义则将社会网络而不是集团作为主要政治行为的基本单位，认为共产党领导的国家产生了一种丰富的实用性私人关系的亚文化，党的基层组织在忠实的基本群众里发展出一套固定关系网，以及一套高度制度化的上下互惠关系网。有学者则认为，中国的乡村社会具有类似于“蜂窝结构”的特性，在国家试图寻求主宰的过程中，往往会引发直接或者迂回的抵抗。在批判新传统主义基础上的单位社会主义认为单位既是地方性的社区，又是国家权力的表达，二者同时并存，相互之间却又存在着张力。“全能主义”认为，国家原则上能够干预社会的任何领域，但在实践中这种干预能力是高度可变的。国家能力主义的分析则呈现出不同的历史镜像，或者说国家并非无所不能，或者指出国家能力在不同领域当中也存在一定的欠缺，可能会带来意料之外的后果。

## 三、对前述理论的简要评论与总结

肖文明指出，利益集团模式和派系主义模式是最早出现的挑战集权主义模式的理论范式。它们都带有某种多元主义色彩，突破了以往集权主义模式主宰的对中国政治的认知。但是，利益集团模式描述的场景显然与当时的中国社会现实有距离，而更贴近美国政治的实际运作。新传统主义模式强调了社会内部广泛的社会关系网络的存在，但过分看重制度分析以及由此衍生出的对利益动机的单一关注。单位社会主义强调单位是一种“被转化的社区”，与“蜂窝结构”类似，都注意到国家与社会

之间的相互塑造和相互渗透，但是都缺乏对国家的正面论述，也缺乏国家能力之类的概念。在这方面，全能主义国家模式与国家能力模式对此进行了矫正，但是缺乏一个明确的国家能力的概念和一种整体的对国家能力的认识。

肖文明指出，前述理论视角多半是提供某一概念对社会事实的某一面向的剖析，需要一种合理的方式融通它们各自的洞察，才能提供更为真实的毛泽东时代中国的国家—社会关系景象。他认为，国家与社会互动互构模式是最为平衡的国家—社会关系框架，但需要借助国家能力模式及其他国家理论来矫正并补充其国家概念缺失的一面。

（卓增华整理）

# 40年改革的中国之道

［**编者按**］ 从1978年起，中国的改革之路已经走过了40个年头，中国也发生了翻天覆地的变化。从农村到城市，从试点到推广，一路跋山涉水，攻坚克难，才取得了今天的成绩。当前，我们正处于深化改革的深水区，如何坚定改革信念，如何破解体制的藩篱，如何突破利益的固化，不仅需要勇气，也需要理论的指导。回顾改革历史，从过去的实践中汲取经验和智慧，是我们纪念改革的重要命题。为此，《探索与争鸣》编辑部策划了“40年改革的中国之道——方法论的视角”专题，邀请多位学者针对相关问题展开了研讨，分别从改革特色辨析、改革哲学、解放思想、倒逼机制、底线思维等维度撰文，表达各自的思考和看法。

## 一、中国改革开放的特色

上海市社会科学界联合会主席王战从发展的视角来检视，认为中国的改革开放具有十大特色。一是理论创新。二是人口红利。三是家庭联产承包制。四是开放促进改革。五是园区模式。六是土地批租。七是非均衡发展模式。八是财政包干与分税制。九是加入世界贸易组织。十是渐进式改革中的“摸着石头过河”。[1]

---

〔1〕 王战：《中国改革开放特色辨析》，载《探索与争鸣》2018年第9期。

中国社会科学院副院长、教授、博士生导师蔡昉从以人民为中心的改革哲学的角度来看中国改革理念和实践的独特性。首先，中国改革具有渐进性质与增量性质，这种性质是由中国的改革哲学所决定的。其次，这种改革哲学的根本出发点和推进逻辑就是邓小平所说的“三个有利于”——发展生产力、增强国力和提高人民生活水平。最后，这种改革哲学指导下的改革开放是一种分享型的经济发展模式。[1]

上海研究院第一副院长、教授、上海大学博士生导师李友梅从动力机制的角度来看改革开放，认为倒逼式改革是中国改革的一大特点。首先，近 40 年的经验表明，所有重大实践的引导或纠错都隐含着一种中国式独特的“倒逼”机制。其次，中国社会的倒逼机制有其独特性，是一个在回应和解决各种现实问题的迂回往复中，主动作为、有序推进和不断完善的过程。最后，执政党在运用倒逼机制推进改革的时候，需要建立一种倒逼式的“自我革新机制”。[2]

中国社会科学院学部委员景天魁认为，底线思维是在改革开放以来的伟大实践中形成的一种创新性思维。首先，在改革开放的过程中，底线思维从一个领域上升到工作全局的层次、从政策设计上升到战略思维的层次、从具体工作方法上升到普遍的哲学方法层次，从而成为“四个全面”战略布局乃至治国理政的总体性思维基础。其次，要注意对底线思维的含义进行辨证。一是底线具有原则性、严肃性，与水平高低不可混同。二是底线思维体现了主动与被动的辩证法，是积极进取的思维方法，而不是被动应付、消极防范的办法。最后，底线思维意义丰富。底线思维作为基于改革开放和中国特色社会主义伟大实践的理论创新之一，既是具有全局性、战略性的大逻辑，也是具有策略性、可行性的基本方法；同时对于每个单位、群体和个人来说，也是处事立身、顺利发展的重要方法论。[3]

---

[1] 蔡昉:《改革哲学：以人民为中心》，载《探索与争鸣》2018 年第 9 期。
[2] 李友梅:《“倒逼”机制与改革开放的推进》，载《探索与争鸣》2018 年第 9 期。
[3] 景天魁:《底线思维：层次、辨证与意义》，载《探索与争鸣》2018 年第 9 期。

## 二、哲学视角看改革开放

华东师范大学哲学系教授赵修义从认识论的视角去解读和审视改革开放以来的社会变迁，认为改革开放之后，中国之所以能够不断打破思想桎梏，关键在于从认识论上打破了“独断论”，转向了“可错论”。首先，改革开放的起点就是破除独断论。以“实践是检验真理的唯一标准”的大讨论为标志的思想解放运动便是破除独断论的开端。其次，改革开放带来的社会风尚和精神面貌的变化与可错论也息息相关。打破了独断论及与之相伴的“知识无用论”之后，整个民族开始了全方位的求知热潮。这轮求知热潮以务实精神为特点，“问题导向”和敢于试验就是务实精神的一个重要内容。[1]

中国人民大学一级教授张立文从中国哲学的视域来考察改革开放 40 年的成功，认为其体现了中道而行、中和位育的理念。具体表现为：其一，中道恰好适当。其二，中和大本达道。其三，中庸不偏不倚。其四，中理合情合法。其五，中节礼义应和。其六，中极合作共赢。[2]

## 三、全面深化改革的方法论

复旦大学国际关系与公共事务学院教授、中国政治学会副会长、上海市政治学会会长桑玉成认为，促进各项制度和政策的成熟和定型，是改革的出发点和立足点。在当下社会主义市场经济体制已经初步建立的背景下，制度的成熟和定型具有基础性的意义。首先，要高度重视制度问题对于国家长治久安的重要意义。其次，提高制度的认同性是制度成熟和定型的基础和前提。再次，确保既有制度的有效性和权威性是当前

〔1〕 赵修义：《解放思想、改革开放与认识论上的可错性》，载《探索与争鸣》2018 年第 9 期。

〔2〕 张立文：《中道而行：改革 40 年成功之道》，载《探索与争鸣》2018 年第 9 期。

我国制度建设的首要任务。最后，要努力促进制度的稳定性和持续性以逐步实现制度的成熟定型。[1]

上海交通大学国际与公共事务学院特聘教授、中国城市治理研究院常务副院长吴建南认为，改革创新是新时代的制胜之道。从党史文献、含义演变、现实实践来看，改革与创新两词明显不同，但两者的整合——改革创新——却是至关重要。改革创新既是新时代全面深化改革应当坚持的方法论，也是实现中华民族伟大复兴的根本路径之一。首先，要破立并举，更大力度地弘扬改革创新精神。其次，要上下联动，进一步激励自下而上创新。再次，要损益均衡，以创新助力改革的深化落实。最后，要着眼未来，深化改革并更好地发挥创新的作用。[2]

（姚无铭整理）

〔1〕 桑玉成：《成熟定型：改革的出发点和立足点》，载《探索与争鸣》2018 年第 9 期。

〔2〕 吴建南：《改革创新：进一步全面深化改革的方法论》，载《探索与争鸣》2018 年第 9 期。

# 致敬改革开放四十年

**[编者按]** 改革开放开启的是中国新一轮现代化进程，经过四十年的变革，中国在经济政治社会等各个领域都发生了巨大变革，走出了一条具有中国特色的发展道路。中国的发展中蕴含着中国历史发展自身规律带来的“另一种可能性”，探索这种可能性可以为我们认识和反思过去提供资源，也是构想未来的重要方向。为了致敬改革开放四十年，《南风窗》对孙正聿、汪晖、杨光斌、李林和赵汀阳进行了专访，从哲学、现代性、政治治理、法治发展和历史之道等角度对改革展开了讨论。

## 一、从马克思主义哲学角度看改革开放

第一，马克思主义哲学在改革开放四十年中承担了双重使命，一方面推进了社会思想的解放，另一方面实现了自身的思想解放，这两个方面是相辅相成的。第二，今天的民族复兴与民族自信都强调重视传统文化的传承，这就要求我们不能离开对文明的总体思考去看待马克思主义哲学和中国传统哲学。在现代文明的总体背景下，马克思主义哲学和中国传统哲学在当代中国的关系，实际上是指导思想和文化血脉的统一。第三，改革开放以来的市场经济是“以退步的形式实现的进步”，在哲学上叫作“否定之否定”，是一个波浪式前进和螺旋式上升的过程。[1]

---

〔1〕 孙正聿：《历史地看问题，才能看懂中国》，载《南风窗》2018 年第 23 期。

## 二、从现代性的角度讨论“开放与自主”

第一，改革开放开启的是中国新一轮现代化进程。在对现代性进行彻底反思的背景下，汪晖提出了“反现代性的现代性”，即中国独特的现代性。但独特性不是特殊性，特殊性是普遍性的反面，而独特性本身是包含着普遍性的。独特性和普遍性都存在于一定的历史的文化、事件和人物的条件之下。因此，中国模式与中国经验是一个非常艰苦的探索自身道路的过程，没有从他处直接复制方法的捷径。其二，在全球化浪潮中，中国要继续在开放的情况下来寻求国家的自主。自主是开放的前提，没有自主性的开放不过是随波逐流。中国存在着诸多历史条件和基础可以帮助自身维持这种开放条件下的自主性。〔1〕

## 三、从中国政治治理的变化看改革开放四十年

第一，改革开放之后，政治领域总体而言是在保持党的领导和民主集中制基本结构不变的情况下，朝着分权化、法治化和更多民主、更多自由的方向发展。第二，改革开放以来，民主的理论与观念从单一的自由主义民主、选举式民主，发展到今天的参与式民主、协商民主，还有民本主义民主与可治理的民主。第三，中国的政治合法性不同于西方的政治合法性，中国的政治合法性源于民心向背。〔2〕

## 四、改革开放以来中国法治发展

第一，从某种意义上讲，改革开放四十年中国法治的建设、发展和变法史，就是一部用法治引领、确认、规范、促进和保障改革开放和经

〔1〕 汪晖:《中国的开放与自主》，载《南风窗》2018年第23期。
〔2〕 杨光斌:《中国政治改革的逻辑》，载《南风窗》2018年第23期。

济社会发展的法治史。第二，改革开放四十年来，中国法治建设在取得成就的同时，还积累了许多经验。其中最根本的一条经验就是，坚持中国共产党的领导，坚定不移地走中国特色社会主义法治道路。〔1〕

## 五、改革开放中的历史之道

第一，改革开放的许多思路都体现了“中国存在的历史性”特征。每一个精神世界都有其丰富性，有其展开全方位思想路径的出发点或者说具有多维度建构能力的精神本源。中国的精神世界以历史为本，历史意识对精神世界的所有方面都有建构能力，所以说，历史同时也是哲学和信仰。这就是所谓的“中国存在的历史性”特征。第二，当代中国与古代中国之间仍然存在连续性。中国的存在方式，关键在于中国是一个方法论的存在，或者说，中国的基本性质是一个方法论。所以，中国存在的连续性不在于某种观念的不断复制，而在于一种能够不断组合重构的方法。因此，从方法论的层面上看，古代和当代中国之间仍然有着连续性，尽管其中的社会观念已经面目全非。〔2〕

（姚无铭整理）

---

〔1〕 李林：《改革开放40年，也是一部“变法史”》，载《南风窗》2018年第23期。

〔2〕 赵汀阳：《中国从历史之道中继续生长》，载《南风窗》2018年第23期。

# 教育改革四十年

［**编者按**］ 1977 年恢复高考以来，中国教育在四十年间经历了多次重大变革，既积累了大量成功经验，也为未来拓展了不断改进的空间。教育是推动科技创新、社会进步和国家发展的发动机，如何推动教育改革和发展关涉到深化改革的大局。站在改革开放四十年的起点上，如何办好教育这个问题，需要从理论上和实践上不断进行新的探索。2018 年 7 月 29 日，华东师范大学与上海市社会科学界联合会共同举办主题为“教育改革：从哪里来，到哪里去”的“纪念教育改革开放四十年研讨会暨《教育现代化的中国之路》丛书首发式”。在此次会议的基础上，《探索与争鸣》杂志组织相关专家撰文，分别从如何办好人民满意的教育、教育变革的制度逻辑、教育结构的历史演变、教育法治与教育改革的深度互动、放管结合实现机制、教育多样性的体制保障、制度创新与民办教育的发展及技术在教育变革中的破坏性创新作用等方面，阐释四十年教育改革的逻辑演变和观念革新。

## 一、四十多年的教育改革着力于重构政府、社会和学校的关系

中国人民大学“杰出学者”特聘教授、教育学院副院长申素平认为，四十年教育改革的核心命题就是在法治理念下重新确认和配置教育主体的权利（权力）和义务（责任），在此基础上重构国家与公民，政府、社

会与学校，学校与师生等多重法律关系，以权利制约权力。申素平指出，改革开放初期，我国教育立法主要体现为管理型立法，1985 年《中共中央关于教育体制改革的决定》率先提出简政放权，到 1995 年《教育法》和 1998 年《高等教育法》，通过教育法确立学校的法人地位，在重构政府、社会和学校的关系中具有核心地位。在学校与师生的关系上，教育改革逐步确立了师生的权利主体地位，学校管理权力开始受到法治的规范，学校内部纠纷从不可诉到逐步可诉，依法治校成为重要目标。在教育领域，以权利制约权力的理念逐渐得到深化。〔1〕

华东师范大学高等教育研究所研究员、博士生导师荀渊认为，改革开放四十年来，体制改革始终是高等教育改革与发展的重中之重，贯穿其中的主线就是简政放权。首先，是中央政府把高等教育的财权、事权等管理权力下放到省级政府，从而逐步确立了中央与地方两级管理、以省级政府统筹为主的新体制；其次，是政府将办学自主权逐步下放给高校，高校开始面向社会自主办学；最后，是政府将高等教育的办学权力下放给社会，形成了高等教育多样化的办学格局。政府则着重从加强党对高校的领导、加强高校制度建设与自我监管、加强事中事后监管、强化审计监督、强化信息公开与社会监督等方面加强对高校办学行为的监督。〔2〕

## 二、教育改革的观念向以人为本，促进人的全面发展的本质回归

华东师范大学教育学部主任、教授袁振国认为，改革开放以来，对教育功能的认识，从回归教育是培养人的活动，到办人民满意的教育，

〔1〕 申素平：《以权利制约权力：教育改革 40 年的法治命题》，载《探索与争鸣》2017 年 7 月刊。

〔2〕 荀渊：《从高度集中到放管结合——改革开放 40 年高等教育的体制改革》，载《探索与争鸣》2017 年 7 月刊。

对教育功能的认识不断拓展和深化，人的地位不断提升，不断走向以人为中心的教育。袁振国在回顾了改革开放“教育必须为社会主义建设服务，社会主义建设必须依靠教育”到“素质教育是教育的核心”转变历程后，提出在进入信息社会，多元化、小型化、个性化已经成为社会发展的基本特征和进一步趋势时，教育要主动适应此种趋势，促进人的丰富多样的自由发展，提供多样化的选择资源、选择渠道、选择方式，成为社会变革力量，将人在教育中的中心地位不断向更加充分、自由、全面和富有创造性的发展水平提升。[1]

华东师范大学基础教育改革与发展研究所研究员、教育治理研究院院长、教育学部教授、教育部长江学者特聘教授范国睿认为，教育制度变革的伦理逻辑从政治伦理转向经济伦理，正向促进人的全面发展的本质回归，教育制度变革的目的在于寻求规制与赋能之间的合适张力，激发教育活力，而教育制度改革的方法论，从重点突破到全面深化，朝着系统设计和建构有中国特色的社会主义制度体系迈进。[2]

## 三、未来教育改革方向应该重视教育的多样性

中国教育科学研究院信息技术与数据分析研究所副所长田凤认为，教育结构变革需要关注义务教育与非义务教育、普通教育与职业教育、职前教育与职后教育三大关系。田凤指出，我国进行第二次基础教育结构变革的时机已经到来，需要适时延长义务教育年限；另外，需要集中力量办好一批高质量、服务于经济结构与产业结构转型升级需要的职业学校，调整政策、压缩数量、提升办学层级（可以考虑以地级市为主体），制定反映现代产业发展需要的职业教育办学标准，增加财政投入，降低收费标准，使职业教育成为受人尊敬、自愿选择的教育；同时需要

〔1〕 袁振国：《不断走向以人为中心的教育》，载《探索与争鸣》2017年7月刊。
〔2〕 范国睿：《教育变革的制度逻辑》，载《探索与争鸣》2017年7月刊。

形成多种形式互补、系统完备的终身教育体系。[1]

华东师范大学课程与教学研究所副所长、教授柯政认为，未来中国教育的最大挑战是教育的多样性。过去几十年，我们的教育发展是在保持中国特色的前提下，积极学习借鉴西方发达国家的经验做法，在新的时代要求我们在教育领域“领跑”时，可靠的做法就是在维护国家统一的教育制度框架下，保护和支持各地方进行探索试点，增加教育的多样性。[2]

上海市教育科学研究院民办教育研究所所长、研究员董圣足认为，历经40年的改革开放，我国民办教育事业发展已进入一个崭新的阶段，民办教育需要发挥新的更大的作用，按照党中央和国务院的决策部署，必须多方发力、多管齐下、多措并举，深入贯彻落实好民办教育新法新政的系列规定，积极稳妥地推进民办学校的分类管理改革。首先，在国家层面需要尽快修订出台《民办教育促进实施条例》，进一步细化两类不同学校的扶持政策体系，完善包括政府补贴、政府购买服务、助学贷款、基金激励、捐资激励在内的各项配套制度；其次，各级政府务必从源头破解制约民办学校分类管理改革的瓶颈因素，促进和规范民办教育健康发展；最后，对于广大民办学校举办者和办学者来说，务必要顺应环境变化和形势发展，进一步端正办学思想、理清办学思路，在国家和区域民办教育整体规划指导下，做到合理布局、准确定位，实现错位竞争、科学发展。[3]

华东师范大学教育信息技术学系教授顾小清认为，技术将终结教育系统相对封闭的时代，使之更为开放地与社会系统互动，进行知识的生产与消费，培养变动不拘时代的创新人才。技术打破了教育系统的相对封闭性；为在学习体验中对知识本质的探究创造了更多可能性，也为知识创造提供了拟真条件和连接的资源；改变了学习资源的分布形态以及

---

〔1〕 田凤：《教育结构的变革需关注三大关系》，载《探索与争鸣》2017年7月刊。

〔2〕 柯政：《可选择的多样性：教育强国的内在要求》，载《探索与争鸣》2017年7月刊。

〔3〕 董圣足：《制度创新：民办教育发展的根本动力》，载《探索与争鸣》2017年7月刊。

人们对其的拥有关系，使得师生主体的确定性发生改变；使得知识传播与知识生产呈现多向与多源的趋势。[1]

（李玥整理）

〔1〕 顾小清：《破坏性创新：技术如何改善教育生态》，载《探索与争鸣》2017年7月刊。

# 中国新医改：从社会维度加以观察

［**编者按**］ 2018 年是新医改的第十年。虽然新医改已经取得了不少成果，但一系列社会问题也随之而来。十年这一节点使得这些社会问题再次引发了学者关于新医改的讨论。医改不仅仅是一个医疗领域的问题，社会维度也是不可忽视的一个角度。社会因素对中国的卫生政策产生了很大的影响，同时也反过来影响到社会关系和社会结构变化。中国社会科学院社会学研究所副研究员房莉杰在《文化纵横》10 月刊上发表《中国新医改十年：从社会维度加以观察》〔1〕一文，从社会维度出发来理解卫生政策，就相关问题展开了讨论。

## 一、从疾病谱与健康风险的维度来理解卫生政策

一个社会的特定疾病谱，与这个社会应对健康风险的能力，共同构成了卫生政策的社会决定因素。改革开放以后，中国的健康风险发生了根本性变化，主要表现为治疗疾病的经济风险、慢性病风险、老年人口的失能风险与流动人口的特殊健康风险。已有的卫生政策体系早已滞后于上述政策需求，因此我国在 2009 年启动了新一轮医改，从整体上重构我国的卫生服务体系。但是近十年来的应对结果并不理想。其一，尽管全民医保框架已建立，“因病致贫”仍是致贫的首因。其二，尽管基本公

〔1〕 房莉杰：《中国新医改十年：从社会维度加以观察》，载《文化纵横》2018 年第 5 期。

共卫生项目开始实施、家庭医生签约率也在逐年上升，但卫生服务模式的转型仍是有名无实。其三，针对失能老人的全国性的“长期照护”制度框架还没有建立。其四，新医改没有包含人口流动的视角。

## 二、从医患关系的维度来理解卫生政策

不同的疾病类型和医生的专业化程度会产生不同的医患关系。结合中国的情况而言，医患关系可以分为统一化为制度信任的现代意义的医患关系模式，以及掺杂了人际信任和制度信任的“赤脚医生”与村民的医患关系模式。然而，随着新医改的进行，村医与村民的医患关系模式不复存在。但是结合目前的疾病谱是以慢性病为主，家庭医生制度是提供健康管理的必然选择。而与家庭医生相关的医患关系更适宜原有的“赤脚医生”与村民的关系模式，即更适宜建立在频繁互动基础上的人际信任和制度信任的结合，而不适宜统一化为制度信任。

## 三、从健康不平等的维度来理解卫生政策

中国城市和农村都存在显著的健康不平等，其中收入对健康不平等起到了最为重要的作用。社会政策存在的主要目的之一是纠正市场经济带来的社会不平等，卫生政策也不例外。卫生政策对健康不平等的干预可以分为两类：一是对“健康”的促进，即通过对全人群提供均等化的公共卫生服务，力图实现健康的“起点公平”；二是在“生病”的状况下，通过医疗保障，提高全人群尤其是低收入人群的健康服务的可及性。从政策框架看，新医改在公共卫生和医疗保障方面都有质的推进，但是现有的政策对于健康公平性的促进是非常有限的。首先，目前还未看到明显的落实措施和结果，对于“健康”者的干预并没有明显促进健康公平性的提高。其次，从医疗保险的情况看，不同医保项目的效应强度存在显著差异，城镇职工医保的待遇水平远高于城乡居民医保。

综上所述，房莉杰认为，在未来新医改的推进中，社会维度是不容忽视的。

（姚无铭整理）

# 中国正大规模调整经济布局

**[编者按]** 从2018年3月开始，中国经济发展出现了一些问题，社会生活出现了一些负面现象，但是中国基本面没有出现大的问题，整个社会经济基本面还是运行良好。中国经济增长的动力还存在，人们对利益追求、对美好生活的向往动力仍然很强大。事实上，中国经济进入调整期，多个方面的调整导致出现了负面效应叠加的现象，使得社会上出现预期下降，一些风险点出现的问题。2019年2月21日，清华大学教授魏杰在湖畔大学作了主题为“中国宏观经济最新走势”的演讲，对我国目前的周期调整做了分析。

## 一、经济调整的五个方面

目前，我国经济正在五个方面进行调整。一是中国正在防范金融风险。防范金融风险出台了很多政策，都有双刃剑的作用。带来的负面影响也同时显现出来了，如债务违约、资金链断裂。防范金融风险导致一些负面后果，企业压力非常大。二是中国正在推进供给侧结构性改革。供给侧结构性改革实际是结构调整，传统制造业严重产能过剩，我们需要去产能化，需要新的支持增长的产业。目前处于调整一个空档期，原有传统产业贡献急速下降，而新产业没有起来，或者正在起来，还没有那么大的力量。三是中国正在经历新旧动能转换。原来支持中国经济增长的主要是成本优势，成本优势已经急剧地消失了。但是技术优势形成需要一个过程，就出现了新旧动能转换的空档期。原有的优势在丧失，新的技术优势还没有出来，导致增长回落压力比较大。四是中国正在搞生态文明建设。生态文明主要是两件事，一件事是要解决工业化、城市化过程中废水、废气、固体垃圾的处理，另一件事是生态环境的修复，企业因为生态问题压力很大，再加上执法过程中比较粗暴，导致许多企业关门停产，增长速度回落。五是中美贸易摩擦。因为中美经济关系四十年来一直总体比较平稳，一下子出现这个问题，导致人们很迷茫，预期比较差。这五个方面的调整带来一些假象，让人以为中国经济可能走入衰退期。

## 二、经济调整期需要做好三件事

中国经济实际上没有进入衰退期，而是进入了调整期。怎么调整？我们逐渐形成共识，大致上要做好三件事：一是稳金融，二是稳增长，三是稳开放。第一件事，必须稳住金融。金融必须稳定，金融不能出现大起大落。因为一旦金融稳不住的话，调整期很难渡过。总体上实体经济发展是要靠金融支持，金融一旦出现大起大落的话，可能这个调整期就会出现混乱，所以金融必须稳住。稳金融要做五件事：控制好货币政策、调整去杠杆政策、稳外汇、稳股市、防止资产泡沫破灭。

第二件事是稳增长。经济增长不能出现太多下滑，一旦出现太多下滑，可能就会影响到整个社会情绪。稳增长需要做好四件事：一是财政政策要更加积极，不能改变货币政策的走势，就是稳健中性，不能走向宽松。二是加快结构调整，结构调整必须加速，重点产业要加速推进。三是技术创新，目前我们经济短板中一个重要约束条件是技术，一个芯片折腾我们没有办法，必须改变这种现状。四是必须深化改革。

第三件事，稳开放。开放必须继续进行，需要做好三件大事。一是正确处理和美国的关系，和美国的关系一定要处理好。中美贸易摩擦标志着中美关系重新调整，过去的中美关系在未来不可能再维系了，我们心里要有底。中美贸易战表面上是贸易战，实际上是中美关系重新调整的一个历史性、标志性事件，它是一个事件，标志着中美关系将重新调整。二是中国一定要全方位开放市场。中国不能光讲我们是制造业大国，还要加一条，市场大国。只要市场在这里，就能吸引其他国家。市场大国能把所有人套住，要彻底开放市场。我们正面开放三大市场：一是全方位开放物质产品市场，二是全方位开放服务业市场，三是全方位开放投资市场。我们要全方位开放市场，三大市场一起开放，让中国成为市场大国，最后才能真正走向世界舞台的中央。三是经营好“一带一路”倡议。“一带一路”倡议涉及三大洲两大洋，经营好“一带一路”倡议，为中国产品和企业走出去做好服务，来完成我们进一步的开放。这三件事做好的话，中国开放会进入新的阶段。开放反过来会推动国内增长，推动国内的变革。实际上越开放，观念越变革，就越容易推动国力增长，所以稳开放要做好这三件事。

中国经济进入调整期，需要做好三件事——稳金融、稳增长、稳开放，这三件事都做好的话，中国会通过这三年调整期，走向我们所希望的高质量增长阶段。现在还不是高质量增长阶段，而是调整期，要从过去那个阶段调整到高质量增长阶段。

（卓增华整理）

# 中国经济动能重塑与地方创新激活

**[编者按]** 当前，全球经济增长复苏乏力，中国改革开放迈入攻坚期，总结和反思中国当下经济增长的核心问题，探索未来的改革路径与增长动能的崭新空间，迫在眉睫。改革开放四十年来，我国经济一路飞驰，但是，近几年情况却明显变化，面对增长瓶颈，重塑经济动能与激活地方创新是重要切入点。同时，全球经济发展不平衡也日益加剧，在促进新时代中国经济高质量增长的同时，也要促进全球经济的再平衡发展。为此，《探索与争鸣》编辑部与上海市人民政府发展研究中心袁志刚工作室特邀相关专家学者，联合召开“中国经济动能重塑与地方创新激活”研讨会，围绕中国经济发展的机遇和挑战展开讨论。

## 一、把准未来经济增长的新动能

复旦大学经济学院教授袁志刚认为，[1] 2008 年全球金融危机之后，中国凭借廉价劳动力而成为“世界工厂”的人口红利逐渐消失，价值链的升级迫在眉睫。“一带一路”建设是中国经济与新兴市场经济体形成全球产业链“雁群发展”的良机，能够为中国企业由价格优势转向质量、品牌优势，提高中国制造的全球竞争力助力。袁志刚指出，“新经济”是未来中国经济增长的新动能，充分对外开放和改革后的服务业也将是十

〔1〕 袁志刚：《雁群效应：制度供给与中国经济增长动能转换》，载《探索与争鸣》2018 年第 8 期。

分可观的经济增长动能。除此之外，区域一体化、劳动力的充分流动也是未来经济增长的重要动力。需要强调的是，改革需要自下而上和自上而下的结合，既需要制度灵活性来保持地方改革的激励和勇气，实现政商关系从合作型向契约型的转向，又需要一定的“顶层设计”来克服既得利益的阻碍，通过对外开放来倒逼改革。

## 二、谨防重蹈中等收入陷阱国家的覆辙

浙江大学社会学系教授耿曙认为，[1] 中等收入陷阱的本质是“制度陷阱”，面对“治理体系失灵”的问题，我们必须勇于改革创新，超越“路径依赖”，否则会“未富先息”。耿曙指出，发展动能的关键在于两点：一是上级政府如何有效地治理地方政府？二是地方政府如何有效地治理当地企业？这两点做到位，就能“重塑经济动能”和“激活地方创新”。针对“上级政府”与“地方政府”之间，上级监管过程中的“内部人控制”问题，建议明确职责划分，根据承诺竞聘，保障职务任期和考核宽严有度。针对存在“地方政府”与“当地企业”之间政府监管过程中的“内部人控制”问题，建议明确职责划分，根据规划提交扶持计划，保障扶持阶段和考核强力有效。

复旦大学经济学院副教授张涛认为，[2] 在新的经济增长动能转换上，我国要从政府主导投资驱动向大企业主导创新驱动转变。为了防止产能过剩，企业应该成为先动方，由行业主导大企业制定标准和产品新方向，约束行业的产能，地方则要转变为产业要素深化的提供者。当前世界处在超级明星企业竞争的格局，我们实现创新驱动要向企业家支配的大企业倾斜，他们是带领中国实现技术前沿突破的中坚力量。并且参

---

〔1〕 耿曙：《自我革新：中国经济动能重塑与地方创新激活的政治基础》，载《探索与争鸣》2018 年第 8 期。

〔2〕 张涛：《中国经济驱动转换：从政府主导投资到大企业主导创新》，载《探索与争鸣》2018 年第 8 期。

与全球价值链租金分配，也取决于大企业主导创新驱动机制的形成。

上海交通大学安泰经济与管理学院副教授黄少卿认为，[1] 为了防止动能转换期中国经济增速的过快下滑，我们需要重构中国经济增长的微观基础。其一，必须加快推进所有制改革和金融改革。其二，必须改善中国的创新投入机制以提升创新效率。其三，通过政治改革来提高政府质量。我们需要尽快推进各项制度改革来夯实创新的微观基础，确保中国经济未来继续保持较高增长速度，从而能够跨入高收入国家行列。

## 三、改革开放以后衍生出的问题是新时代发展的巨大挑战

中国人民大学经济学院教授郑新业认为，[2] 中国当下和未来遇到的一系列发展问题，与不合适的政策设计密切相关。我们必须重新审视每项政策的成本和收益，考虑政策资源的重新配置，突破现有政策形成的人为“竞争优势”和依赖这种优势的利益集团，实现政策工具的优化提升。为此他建议，其一，减少市场扭曲，提升经济效率，促进经济增长；其二，更加重视技术的升级改造和优势技术的推广应用；其三，更加重视开拓广大发展中国家的新市场。

南京财经大学国际经贸学院教授余泳泽认为，[3] 地方官员对 GDP 的过度关注严重阻碍了中国经济新动能的重塑，对经济增长目标的“层层加码”和硬约束，明显抑制了全要素生产率的提升、产业转型升级以及技术创新活动，甚至出现为“兑现竞争”而“拔苗助长”的短视行为。据此他认为，在重塑经济动能的过程中，地方政府应该抛弃过去以经济增长为导向的观念，适时适当发挥好自己的引导作用，努力营造适合新

[1] 黄少卿:《动能转换期：中国经济的“失速”与微观基础的重构》，载《探索与争鸣》2018 年第 8 期。

[2] 郑新业:《新时代的中国经济：沿袭抑或超越现行政策工具》，载《探索与争鸣》2018 年第 8 期。

[3] 余泳泽:《新 S 型曲线：经济增长目标约束与中国经济动能重塑》，载《探索与争鸣》2018 年第 8 期。

技术、新产品实现商业化的生态环境。

## 四、要理解部门间关系的信息逻辑

中山大学政治与公共事务管理学院教授梁平汉指出,〔1〕许多学者认为地方政府的激励是中国经济发展的重要动能,但这一理论简化了政府内部的利益分歧,更忽略了同一级政府内部不同部门之间的利益分歧和互动。简言之,它忽略了不同利益主体的集体选择的问题。

部门的存在不仅是政策的细化和执行,也向上级提供决策参考的信息。我们需要从激励和成本的权衡出发,基于信息搜集、信息利用和风险控制的视角引导部门和机构改革。我们还需要深入理解部门间关系,解决好部门间协调问题。这不仅将为营造市场“大监管”奠定基础,而且可以重塑地方政府发展经济的激励,使政府机构作为一个整体能够适应大数据时代,及时有效地处理信息。

## 五、经济动能空间重塑的重点在于潜在增长率的空间变化

华东师范大学中国现代城市研究中心教授殷德生认为,〔2〕一方面,中国经济新动能空间重塑的重要突破口在于中西部地区经济潜能的加速提升,这需要打通中国向西的贸易与投资通道,“一带一路”不仅有利于助推西部经济动能的释放,而且还能实现中国的地区协调发展、缩小地区收入差距,有利于“一带一路”沿线国家实现包容性增长。另一方面,中国经济新动能空间重塑还需要中西部地区的新型城镇化,“一带一路”建设要和西部地区的新型城镇化有机结合。对于大中城市而

〔1〕 梁平汉:《信息的逻辑:部门间关系与新经济动能》,载《探索与争鸣》2018 年第 8 期。

〔2〕 殷德生:《一带一路:潜在增长率空间变化与中国经济动能空间重塑》,载《探索与争鸣》2018 年第 8 期。

言，要走集中式城市化道路；对于中小城市和城镇而言，要走分散式城镇化道路。

（徐清海整理）

# 关于中国地方政府债务问题的讨论

**[编者按]** 在“中美贸易战”的背景下，中国国内的经济问题变得愈发突出。虽然分税制改革大大增强了国家财政实力和宏观调控能力，但在高速发展的过程中，地方政府的债务风险不断积攒。2018年7月13日，中国人民银行研究局局长徐忠发表文章《当前形势下财政政策大有可为》，批评财政部财政政策不积极，直指地方政府债务问题。7月24日，中共中央政治局召开会议讨论下半年经济部署，不仅指出要化解累积的地方政府债务风险，而且要“遏制隐性债务增量”。地方政府债务问题暴露出中国经济发展中存在着很大的隐患，威胁中国经济的平稳发展。在此背景下，社会各界围绕地方政府债务问题展开热烈讨论，讨论主要围绕着地方政府债务规模、背后因素以及解决机制等几个方面。

## 一、地方政府隐性债务规模尚无定论

过去十年政府投资高速增长，融资平台失控扩张，地方政府风险已成隐患。中央的乐观表态是基于财政部公布的地方政府数据，其显示政府负债率为36.2%，远低于60%的风险预警线。而这只是“政府债务管理系统”的显性债务统计，更为庞大的政府隐形债务目前还处于统计口径争议和实际情况摸底的过程中。[1] “隐性债务”主要是地方政府的担保性融资，即地方政府融资平台债务，具体包括城投债、以平台名义获取的但有政府担保的银行贷款，再就是PPP项目中的政府资本金以及银行贷款中政府隐性担保的部分。尽管国内几个调研团队以及国际清算银行（BIS）的测算有所出入，但根据估算的数据，中国政府债务的GDP占比均已超过国际公认的风险预警线。根据张明、朱子阳团队的测算及分析，2016年PPP项目的升温是地方政府债务骤增的重要诱因。从各地区的债务水平来看，虽然东部的整体债务存量最高，但西部与东北的平均负债率已经超过60%，严重高于东、中部省市。两者负债率近年来还在迅速上升，债务风险十分突出。[2]

## 二、问题根源在于财税体制改革滞后

徐忠认为，整顿地方政府债务不能一推了之，应着力避免财政风险金融化，对于地方政府性债务监管也要考虑地区性差异，不搞一刀切。[3] 地方政府融资平台的债务背后往往暗藏着政府信用担保和兜底预期，处于一种政府与非政府之间的模糊地带，属于准政府债务。地方政府债务问题的根源在于国家整体的市场经济制度，是国家与市场的边界没有厘清。此时将隐形债务划到政府债务之外，将会把财政风险转嫁给金融部门，增加金融机构出现坏账的风险。金融机构要在地方政府债务管理框架内起到约束作用，首先必须要落实财税改革，否则金融机构就管不住地方政府的违规融资行为。原因有三点：其一，在政府财务信息透明度很低的情况下，金融机构很难依照市场化原则有效识别项目风险；其二，没有地方政府破产制度，中央不救助原则尚未得到实践检验，实践中政府尚未发生过兑付危机，金融机构容易对政府背景的投资项目产

---

〔1〕 王延春：《地方债高悬之忧：隐性债务的水有多深》，载《财经》2018年7月9日。

〔2〕 张明、朱子阳：《中国政府债务规模究竟几何》，载《财经》2018年7月23日。

〔3〕 徐忠：《当前形势下财政政策大有可为》，载《第一财经》2018年7月13日。

生隐形担保和刚性兑付的幻觉，金融市场的定价规则和风险溢价完全被扭曲了；其三，地方政府软约束导致对利率不敏感，难以用价格调节手段调节地方市场的融资行为。

## 三、制度改革是应对地方政府债务风险的根本

为应对地方政府债务风险，目前需要先尽快摸清地方政府真实的债务情况，摸清全国尚未统计清楚的地方隐形债务规模。国家应从整顿地方融资平台乱象入手，控制政府的投资规模，避免出现地方政府破产事件。而徐忠进一步指出，理顺中央和地方的财税关系，建立地方政府融资市场化约束机制是解决地方政府债务问题的根本出路。一是要理顺中央地方财政关系，稳定地方财力和财权，培育地方主体税种，推动房地产税改革试点。二是要建立“一级政府、一级财政、一级预算、一级税收权、一级举债权”体系，各级政府财政相对独立、自求平衡，放松中央政府对债务额度的行政性约束，彻底打开地方政府规范融资的正门，金融市场的约束作用才能发挥出来。三是探索“地方政府破产机制”。地方政府破产机制是现代财政制度的重要组成部分，实行分级财政体制的国家广泛建立了地方政府破产机制。政府破产只是财政破产，其公共服务的义务还在。此外，还应落实同股同权，吸引民营资本参与垄断性行业，实施更具包容性的财税政策、产业政策，营造公平竞争环境，创新垄断行业与民间资本合作机制。[1]

（高天宇整理）

---

〔1〕 徐忠：《新时代背景下现代金融体系与国家治理现代化》，载《经济研究》2018 年第 7 期。

# 村霸问题与乡村基层治理

［编者按］ 2018年中央一号文件对实施乡村振兴战略进行了全面部署，提出构建乡村治理新体系，走自治、法治、德治相结合的乡村善治之路。1月下旬，中共中央、国务院、最高人民法院、最高人民检察院、公安部、司法部陆续下发关于开展扫黑除恶专项斗争的通知，强调要严厉打击“村霸恶霸”、宗族恶势力、“保护伞”以及“软暴力”等犯罪。村霸问题折射出新时代中国乡村治理的困境和难题，基层权力和治理的不断真空化，给村霸提供了发展的土壤。甚至基层的秩序在一定程度上也依赖于这些群体，导致基层的合法秩序和执政基础不断受到侵蚀。

## 一、“村霸”形成集权力、暴力与资本的“分利联盟”，损害基层政府公信力和基层治理能力

“村霸”主要包括下乡侵占各类资源的“混混”和一些具有“混混”背景的村干部，具有乱政、抗法、霸财、行凶四大典型特征，并且由于区域差异，各地“村霸”又有其自身特点。武汉大学中国乡村治理研究中心特约研究员欧阳静通过调研指出，目前活跃于乡村社会的村霸恶霸包括两类情况：一是下乡侵占各类资源的“混混”，二是一些具有“混混”背景的村干部。[1] 中国人民大学教授郑风田认为，“村霸”并不是

〔1〕 欧阳静：《铲除村霸，振兴乡村》，http：//opinion. china. com. cn/opinion _ 46 _ 179346. html，最后访问日期：2018年3月4日。

一个正式的法律术语，而是对农村一些流氓恶势力的通俗用语。一个最惊人的现实是不少基层村干部直接沦为了“村霸”。[1]

最高人民检察院反贪总局三局局长孙忠诚指出，乱政、抗法、霸财、行凶是“村霸”的四大典型特征。“乱政”主要表现在倚财仗势、干乱国法、操纵选举；“抗法”主要包括暴力抗法、对抗政府、煽动滋事；“霸财”是指强拿强要、欺行霸市、坐地纳贡；“行凶”则是指横行乡里，违法犯罪，残害无辜。[2] 华南理工大学公共政策研究院副研究员林辉煌认为，各地“村霸”有不同的特征：华南一些宗族结构保留相对完整、家族观念比较强的地区，“村霸”多少会和强势的宗族有关；北方一些地区，和兄弟多少、家庭势力有关；中部靠近长江流域的地区，由于村庄比较原子化，存在一些主要依靠个人“气势”的“村霸”，比如身材魁梧、犯过罪、坐过牢等特点。

“村霸”的危害是多方面的，其中最为深远的影响是形成集权力、暴力与资本的“分利联盟”，共谋侵蚀乡村社会资源，最终损害基层政府公信力和基层治理能力。个别地方的“村霸”使外人不敢来投资，直接影响着新农村建设、土地流转、工程进度以及农村区域经济的发展；还有些地区影响着当地社会的公平和正义，阻碍着农村文明与和谐的进程。

## 二、“村霸”形成的深层原因在于中国社会结构的变迁

郑风田认为，“土皇帝”似的“村霸”之所以形成，或系基层组织涣散无力，或因当地政府把“狠人治村”当作一个法宝，牵涉到背后的上级政府干预、基层选举、治安管理等问题，还有贪腐歪风盛行背后的农

---

〔1〕 郑风田：《观点丨郑风田：对沦为村霸的村干部必须严惩》，载微信公众号“乡村发现”，https：//mp. weixin. qq. com/s/CuN2QWmTcG8VD3s-s8JZGA，最后访问日期：2018年3月4日。

〔2〕 法律读库：《早餐丨村霸四大典型特征：乱政、抗法、霸财、行凶》，载微信公众号“法律读库”，https：//mp. weixin. qq. com/s/U6xKcwMtseGyASJaXWV9nA，最后访问日期：2018年3月4日。

村政治生态的破坏。[1] 中国人民大学法学院副教授王旭指出，由于乡村法治资源相对匮乏，监督疏漏多，一些最基层的地方"权钱势"勾结，使个别村官和社会"混混"异变为"村霸"。[2]

华南理工大学公共政策研究院副研究员林辉煌认为，自上而下的资源、权力意志难以有效渗透到村庄一层，基层呈现权力的真空，"强势群体"，非法、灰色的力量就会产生，用以解决基层内生的不确定乃至不稳定因素，维持某种表面秩序。"村霸"虽小，映照出的却是国家治理体系与基层民主衔接失衡的大问题。

林辉煌进一步分析道，治理能力的弱化和基层法治力量的缺乏是"村霸"产生的两大原因，但其背后的深层次原因都是社会结构的变迁。社会结构在趋于松散、原子化、趋利化的同时，地方自我规范的能力并没有跟上。在传统良性约束力量缺乏的条件下，向"权钱"看齐就成了通行规则，一旦有利益出现，就很容易出现抢夺。[3]

## 三、解决"村霸"问题必须由过去偏重于经济发展转向经济、社会和文化建设并重

郑风田认为，治理"村霸"需做好以下六点：一是加强基层党建，要选对人，重点选拔带头人；二是以大学生村官或者下派第一书记破除农村宗派势力；三是从源头上治理，对选举制度进行修改，阻止宗族恶势力坐大，对举报多者一票否决；四是以村庄间的联合党建加强村庄间

〔1〕 郑风田：《观点丨郑风田：对沦为村霸的村干部必须严惩》，载微信公众号"乡村发现"，https：//mp. weixin. qq. com/s/CuN2QWmTcG8VD3s-s8JZGA，最后访问日期：2018年3月4日。

〔2〕 法律读库：《早餐丨村霸四大典型特征：乱政、抗法、霸财、行凶》，载微信公众号"法律读库"，https：//mp. weixin. qq. com/s/U6xKcwMtseGyASJaXWV9nA，最后访问日期：2018年3月4日。

〔3〕 林辉煌：《"村霸"现象与基层治理的结构性困境》，载微信公众号"中国情怀国际视野IPP评论"，https：//mp. weixin. qq. com/s/zvyGuErHlOjsOHin0ey4xQ，最后访问日期：2018年3月4日。

的监督，破除村霸；五是让公共安全力量覆盖到村庄；六是要增加监事制度，增加村务透明度。[1]

孙忠诚指出，当前我国根治“村霸”与宗族恶势力的工作要从三方面着手：一是突出打击，强化治理。对于“村霸”与宗族恶势力，要严厉打击，绝不姑息。二是多维发力，综合治理。一方面，加强检察、纪检监察、公安、社会综治等方面的协作配合力度；另一方面，职能部门将综合运用经济建设、教育宣导、舆论推动等多维度社会治理措施。三是群众路线，长效治理。王旭认为，在斩断“村霸”与宗族恶势力“恶根”的乡村治理实践中，贯彻落实村民自治至关重要，努力营造风清气正的换届选举环境，杜绝“村霸”和宗族恶势力操纵选举，“带病”进入“两委”班子。庄德水则认为，要加强农村基层法律宣传教育，让法治观念走进生活现实，帮助人民群众树立法律信仰，进而挤压“村霸”的犯罪空间；让人民群众树立信心，主动参与“村霸”问题治理。[2]

林辉煌指出，传统乡村结构变迁是一个历史性的必然过程。这是发展的“病”，“病”就会“痛”。但在这个过程中，权力出现真空，是因为没有力量来真正替代原有传统组织、乡规民约的作用。事实上，如果真正要治理地方基层的这种“村霸”、黑恶势力，党最值得信赖，也最应该仰赖的，首先就是基层党组织。因此，如何把我们这么多年积累下来的党组织的制度优势和组织优势，在基层真正盘活起来，是真正关键的一道问题。[3]

（向阳整理）

---

〔1〕郑风田：《观点丨郑风田：对沦为村霸的村干部必须严惩》，载微信公众号“乡村发现”，https://mp.weixin.qq.com/s/CuN2QWmTcG8VD3s-s8JZGA，最后访问日期：2018年3月4日。

〔2〕法律读库：《早餐丨村霸四大典型特征：乱政、抗法、霸财、行凶》，载微信公众号“法律读库”，https://mp.weixin.qq.com/s/U6xKcwMtseGyASJaXWV9nA，最后访问日期：2018年3月4日。

〔3〕林辉煌：《“村霸”现象与基层治理的结构性困境》，载微信公众号“中国情怀国际视野IPP评论”，https://mp.weixin.qq.com/s/zvyGuErHlOjsOHin0ey4xQ，最后访问日期：2018年3月4日。

# 中国新时代小农经济的实际与理论

[**编者按**] 今天中国的农业主体仍然是小农家庭农场，同时也是相当高度的“现代化”的农业，这与新自由主义经济学理论和马克思主义理论这两种经典理论的预期都不相符，可以说，中国农业有其自身的特点。但是中国农业当前存在的运行模式依然是低效和高成本的，农民的收入无法得到真正有效的提高。如何提高农民收入、振兴农村经济是中国农业发展的首要问题。解决这个问题需要我们对经典理论进行深层反思，创建更为符合中国新时代小农经济实际的理论概括。黄宗智教授在《开放时代》发表的《中国新时代小农经济的实际与理论》一文[1]指出，“实质主义”理论更值得借鉴，应学习东亚经验，建立基于社区的综合性农业合作社。

## 一、传统经典理论无法解释中国农业，“实质主义”值得借鉴

新自由主义经济理论以理性经济人为基本假定，其在农业方面的代表是舒尔茨（Theodore Schultz），主张小农也是理性经济人，传统农业经济也是纯竞争性的市场经济，所以必定会通过竞争达到最佳资源配置。新自由主义经济理论的另一支是新制度经济学，他们认为稳定的私有产权

[1] 黄宗智：《中国新时代小农经济的实际与理论》，载《开放时代》2018年第3期，网络版见《开放时代》官网，http://www.opentimes.cn/html/Abstract/11437.html，最后访问日期：2018年6月10日。

是市场经济体发展的终极激励机制和动力。经典马克思主义理论则认为，封建主义的传统小农经济以租佃关系为基础，其必将被以雇佣关系为基础的资本主义生产关系取代。

黄宗智指出，这两种理论都认为，小农家庭经济会随着封建主义和传统农业生产转变为资本主义工业生产而被企业型的农场取代，但中国半工半耕的小农家庭经济主导农业经济的现实表明，这两种理论都不符合中国目前的实际国情。

"实质主义"理论以小农经济理论家恰亚诺夫（A. V. Chayanov）、人口压力经济理论家博塞拉普（Ester Boserup）和经济史理论家瑞格里（E. Anthony Wrigley）为代表，他们普遍重视特殊的经验证据和历史演变，而非普世概括的演绎推理。恰亚诺夫认为，小农家庭既是一个生产单位，也是一个消费单位，其以自家给定的劳动力来进行生产。这意味着其行为和经济逻辑与资本主义企业不同，前者为了满足家庭消费的需要，会持续投入劳动力，直至边际收益接近于零；后者一旦边际收益低于市场工资，便会停止雇佣劳动力。博塞拉普从人口压力带来技术变迁的角度来理解经济逻辑，她认为人口压力是推动技术变迁的主要动力，劳动力与资本和土地并不相同。瑞格里则认为，前工业小农经济与现代工业依赖的能源不同，前者依靠"有机"的人力、畜力，后者依靠无机矿物能源，所以不能将工业经验移植到农业上。

黄宗智主张，他们三人的理论对理解中国"人多地少"的基本国情特别有帮助。但尽管如此，中国仍然有其自身特色，是"实质主义"理论所不能解释的：经革命和改革传统而来的独特的土地承包制度、独特的城乡分层户籍制度、乡村工业化、大规模的农民工。

## 二、中国当今农业发展现状的特点与农业政策存在的失误

一是农业主体为劳均约十亩地的小家庭农场，主要劳动力来自农村家庭的辅助性劳动力（妇女、老人），农村形成了半工半耕的家庭经济。

二是具有相当高度的“现代化”，尤其是大规模高附加值的小农户“新农业”（城郊农业）的兴起，但这种农业是“劳动与资本双密集化”，不同于“人少地多”的西方发达国家的“土地与资本双密集化”。这两个特点使得小农户家庭经济的效率高于农业企业。三是农业中的资本实质上是流通领域的商业资本，而非生产领域的产业资本，资本通过订单、合同、协议等方式将生产转包给小农家庭，通过攫取小农户产品的市场收益来营利。资本并未起到促进农业生产的作用，而是作为盘剥小农户的商业力量存在。四是新农业的关键问题不在于规模化生产（横向一体化），而在于缺乏纵向一体化的加工、物流和销售体系。

因此，黄宗智认为，我们国家的农业政策存在一些失误。小农作为农业生产的主体，却不被国家重视，国家政策鼓励具备规模效应的横向一体化大型农业企业（包括“专业合作社”）。这种以美国为典范的政策完全脱离了中国农业的小农经济现实，导致“虚”“空”“伪”合作社兴起，真正为小农服务的合作社却得不到国家的重视和支持。国家对待新农业小农的基本态度，仍然是认为小规模的小农农场是落后的，迟早要被淘汰，理想的农业单位应是集生产—加工—销售一体的规模化大型农企。这其中，还有改革开放后对过去的农业合作化—集体化过分否定的因素。实际上，前三十年的农业生产取得了相当显著的成绩。

## 三、学习东亚经验，建立基于社区的综合性农业合作社

而对比日本—韩国—中国台湾地区的经验，中国农业的纵向一体化要么是由旧型的榨取性商业资本来提供的，要么是由臃肿低效的国家机构来提供的，新型的物流商业资本只占较低比例。为此，小农的市场净收益受到严重侵蚀。中国应学习东亚经验，建立基于社区的综合性农业合作社，而不是美国式的专业合作社。美国的农场户均近 2800 亩，中国只有 20 亩，所以美国式的企业主导的物流体系不可能在中国大规模兴起。所谓东亚模式，不是政府“干预”市场的最小化，而是政府直接领

导和参与发展，在规制市场的功能之外，还直接协助、扶持企业，推进市场的发展，亦即“发展型国家”模式（developmental state），而非英美的“规制型国家”（regulatory state）模式。

当然，即便采取日本—中国台湾地区的合作社模式，中国大陆的情况也有特殊性，比如中国革命的社会主义理念和强大的政党—国家政治体制可能会形成半国企半民企的发展型国家；农民在整个政治经济体系形成过程中的作用也要远远超过日本—中国台湾地区。

着眼未来，黄宗智认为，针对中国当前的农业发展现状，国家最需要做的不是扶持（没有经济竞争力的）农业横向一体化，而是扶持小农生产的纵向一体化服务，尤其是新农业中的小农；不是扶持旧型榨取性的商业资本来建立小农生产所必需的纵向一体化，而是探寻建设为小农服务的新型物流体系的方案；并且在发展农业的同时，进行农村社区重建。其结果将形成中农的广泛兴起，使中国消费市场大规模扩大，刺激国民经济进一步可持续发展，并形成更完全的农村与城镇双向市场结构和良性互动，从而更有效地解决贫富不均问题。

（曹文姣整理）

# 探寻扎根于（中国）实际的社会科学

**［编者按］** 中国的社会科学研究较之其他学科研究起步较晚，学界理论多源于西方理论中二元建构的单一方，如在主观主义、客观主义对立中的二选一，但是实践中，这些对立的建构大多组成了一个内部互动的合一体。现有理论大多为众多相互排斥的二元对立实态，但是现实世界不是理论建构中的非此即彼的二元状态，因此我们需要认识到这些理论的局限，聚焦于二元的并存和相互作用，从而认识真实的世界。中国人民大学法学院、美国加利福尼亚大学洛杉矶校区历史系黄宗智教授在《开放时代》2018 年第 6 期上发表文章《探寻扎根于（中国）实际的社会科学》，在回顾自己多年来研究内容的基础上，进一步介绍了适合中国实际的社会科学研究方法。

## 一、从经验到理论再返回经验，有意识地超越意识形态化理论

根据中国农村社会经济史的研究，黄宗智在理解中国悖论实际的基础上，提出了从经验到理论再返回经验的认识方法，从而做到有意识地超越意识形态化理论。黄宗智举了两个例子：一是在《华北的小农经济与社会变迁》写作中，率先尝试从最基本的史料中寻找概念，然后凭借经验证据再综合多种理论传统，而不是非此即彼地直接应用一种理论方法。二是《长江三角洲小农家庭与乡村发展》和《中国研究的规范认识危机》在批判西方经典经济学的同时，提出了更符合中国农村经济实际

的“悖论”概念，如“内卷型商品化”“农业生产的家庭化”“农村工业化”等，这些概念的提出不仅与主宰西方经典社会科学的理论大不相同，与主流的从理论到经验再到理论的研究方法也正好相反。

## 二、重视话语与实践的双重层面以及两者之间的并存与互动

黄宗智通过《清代的法律、社会与文化：民法的表达与实践》《法典、习俗与司法实践：清代与民国的比较》建立了“实用道德主义”的概念，在表述清代民事正义体系的特色时，集中探讨“表达”和“实践”之间的背离和互动，从而脱离了韦伯式的形式理性，而实现对“实践历史”的应用。这种二元合一的进路更好地把握了法律历史长时段的互动趋势，超越了简单的西化主义和本土主义，从历史传统和社会实际中考察立法和实际运作的抉择。更进一步的反思反映在“第三领域”这一概念中，即在国家与社会之间、由两者互动形成的“第三领域”正联动和关联着理论上的二元主体。

## 三、学术研究必须具有现实关怀性和具有前瞻性的道德理念

《超越左右：从实践历史探寻农村发展出路》和《过去和现在：中国民事法律实践的探索》再次验证了中国“悖论实际”的现实性，如中国的农业革命是不同于西方和任何“他者”的“隐性农业革命”，中国的法律体系是对古代法律、革命法律和西方法律三大传统的混合并存体。因而“实践历史”指出朝向应然的方向，适当地在实践经验中探寻中国问题的答案。

在“实践历史”指导下，还需增加前瞻性的道德理念，将“实践理性”与“仁政”理念相结合，以此满足学术研究与国家决策的要求。黄宗智主要受布迪厄、康德的理论启发，其中，布迪厄的“实践逻辑”“习性”“象征资本”等概念超越了以往的主观主义和客观主义理论，但仍缺

乏对历史感和主观抉择的关注。康德的“实用理性”“绝对命令”提供了布迪厄所没有的道德价值维度，但仅是一种回顾性的实践逻辑，不具有改变现实的前瞻性。在探索实践与理论的关联问题时，中国革命传统中的“毛泽东思想”恰恰提供了一种认识上的方法论，既能够反主流地质疑西方传统、社会主义传统，又能提出符合中国特色的构想。

## 四、不能迷信西方经验的抽象化，需要探索对中国“悖论性”的处理

黄宗智认为，在扬弃西方形式主义理论的基础上，可以通过三步来掌握中国实际的研究方法以形成扎根于中国实际的理论概念和社会科学：(1) 认识到连接中国实际和现代西方的社会科学理论，并建立起扎根于中国实际的社会科学和其主体性；(2) 看到中国传统和现代正义体系中道德性表达与实践的背离、互动和抱合，掌握中国历史中的“实用道德主义”以及其对待二元合一的基本思维，而非全面接受西方的非此即彼思维；(3) 认识到儒家以“仁”（“己所不欲，勿施于人”）为核心的道德理念，进而赋予前两步认识所不可或缺的前瞻性，形成认识实践中所需要的抉择标准，更好地贯通中国的历史、现实与未来。

（张圣泽整理）

# 当前国内社会思潮趋势走向

**[编者按]** 当前，我国正处于经济新常态背景下全面深化改革的重要时期，在社会经济转型过程中涌现出多种矛盾，各种思潮交织。在信息时代，社会思潮传播的速度在加快、范围在扩大，对经济、政治、文化等方面的影响也在不断加深。分析和研判各种社会思潮对增强意识形态主导权和话语权具有十分重要的现实意义。2018 年 2 月，人民论坛通过多轮公众问卷调查、组织专家学者研讨和对重点群体的深入访谈，参考近十余年社会思潮演变趋势和国内理论界研究成果，筛选出 2017 年国内值得关注的十种社会思潮：民粹主义、民族主义、生态主义、消费主义、泛娱乐主义、激进左派、文化保守主义、历史虚无主义、新自由主义、普世价值论。

## 一、世界政治潮流和中国时代特征深刻影响中国社会意识形态发展

第一，民粹主义持续滋长，体现出与其他社会思潮较强的合流之势。民粹主义在去中心化的网络时代解除了传播限制，已经成为一种世界性的现象，更是未来一段时期内世界政治格局的重要特征。而中国的民粹主义也有新的发展动向，主要体现在各类舆情事件中。需要警惕的倾向主要有三点：一是一些人假借爱国主义之名行非理性之实；二是网络民粹的盛行；三是为资本逻辑所驱使，将民粹主义特别是网络民粹主义转

化为获取利润的工具。第二，民族主义更显正能量，国人更加全面客观地看待中国与世界，大国心态更加彰显。中国综合国力的提升使得国际话语格局向中西均衡的方向发展，中国民众对外部世界的复杂性也有了更为深刻的认知，能够以一种克制、平和的大国心态看待国际问题，国人的民族自豪感和文化自信心更加明显。第三，生态主义在全球面临转折点，中国在全球生态治理中的分量越来越重。2017 年美国宣布退出《巴黎协定》对人类共同应对气候变化作出的努力造成了负面影响，而中国则坚持生态文明建设，以负责任大国的形象维护全球生态安全，受到了世界各国的赞许和认可，渐渐成为全球生态文明建设的重要参与者、贡献者和引领者。第四，信息时代下消费主义蔓延之势迅速，物质生产和精神生产的良性互动逐渐缺乏。促进消费是推动中国经济发展的强大动力，但过度消费无疑会引起消费的异化，对社会可持续发展产生负面冲击，各种畸形的消费文化正在对广大民众产生着越来越大的影响。第五，泛娱乐主义在国内愈演愈烈，情绪化、非理性特征日益显著。"泛娱乐化"是娱乐市场化的必然结果，它虽然在一定程度上带动了经济，但也对社会主流意识形态领域造成了冲击。公众在这股浪潮的侵蚀下，可能会逐步丧失理性批判的能力，陷入全民狂欢的假象中。

## 二、应警惕当前社会思潮发展的风险点

第一，公共事件更易被民粹主义利用，从而激化社会矛盾，扰乱社会秩序。民粹主义以反对权威、反对精英、反对政府为主要特征，更时常炒作公共事件激化社会大众的非理性意识，催生负面社会情绪。特别是当中低收入群体的需求得不到有效满足时，公共事件的爆发会激发人们的愤怒情绪，并很可能导致过激行为。第二，重大事件节点要警惕历史虚无主义、新自由主义、激进左派等思潮再起波澜。这几种思潮看似"价值中立"，实则以解构中国历史和否认中国共产党执政的合法性地位等为目的。2018 年是改革开放四十周年，历史虚无主义、新自由主义和

激进左派等思潮相互裹挟，很可能炮制舆论以冲击主流意识形态。第三，互联网平台为不良社会思潮的滋生提供了温床，易成为其操控舆论的工具。不良社会思潮利用互联网开放性、匿名性以及更新快、传播快等特点，企图破坏、瓦解主流意识形态。而中国现有的监管机制对于有效约束不良信息尚不能达到最佳效果，网络舆情治理难度依然很大。第四，青少年、底层公众等群体极易成为不良社会思潮传播的突破口。不良社会思潮往往容易针对缺乏组织、缺乏判断能力、易产生激愤情绪的群体进行思想传播，而青少年和底层群众等群体正是不良社会思潮的易感人群。一些底层群众由于在话语权方面存在缺失感和失落感，因而容易被煽动，为不良思潮的发展推波助澜。

## 三、应对社会思潮风险要处理好“统一”和“多元”之间的关系

第一，积极化解非理性言论，提高民众主动抵御负面社会思潮侵蚀的能力。政府在面对非理性言论时，不能一味消极回避，而应秉持尊重差异、包容多样化的原则，积极化解矛盾、澄清事实，正视并解决涉及群众切身利益的问题。相关部门应加强思想意识形态建设，培养民众辩证理性的思维能力。第二，倡导理性爱国，防止极端民族主义和盲目自大的倾向。随着中国实力逐步增强，一种盲目自信、排外的情绪有所蔓延。政府应引导民众树立理性自信、不卑不亢的大国心态，强化忧患意识，力保举国清醒，规范媒体发声。第三，加强重要时间节点前后的思潮监测、预判和应对工作。在重大时间节点前后，各大媒体应主动加强监控，有针对性地向民众普及相关知识，增强其判断能力。此外，还应加强网信部门、政府宣传部门和新闻媒体部门的合作沟通，建立快速联动的反应机制，及时表明立场。第四，要处理好思想层面“统一”和“多元”的矛盾。十九大之后国内主流意识形态逐步占领了思想高地，但也有一些不同的声音转入地下。面对国内外思想层面出现的种种变化，

我们要密切关注、未雨绸缪。既要确保“多元”基础上的“统一”，又要保证“统一”主导下的“多元”，正确处理好思想层面存在的矛盾，做到形散而神不散。[1]

（高天宇整理）

---

〔1〕 人民论坛网:《当前国内社会思潮趋势走向，信息量很大!》，载微信公众号“人民论坛网”，2018 年 2 月 27 日。

# “人才争夺战”引发热议

[编者按] 从去年开始，一场没有硝烟的“人才争夺战”在全国各地先后展开，各城市倾其所能，争先推出优先落户、购房补贴等地方政策，吸引人才到本地发展。人才的争夺反映了我国经济社会正在发生巨大的变化：一方面，经济发展动能的转变使得劳动力特别是高素质人才越来越受到重视，同时人口老龄化也加剧了这一变化；另一方面，区域竞争特别是城市竞争以及国家中心城市战略和“新一线城市”都需要大量优秀的人口支撑。各个城市如何在这场战争中根据自身的发展定位和资源禀赋确定合适的争夺战略，从而在竞争中脱颖而出，成为舆论重点关注的对象。据统计，不足5个月的时间，便有超过35个城市发布了40多次人才引入政策。“人才争夺战”的“蝴蝶效应”引起了各省房产、教育和医疗等多个领域的重大变化。社会各界从不同角度展开了热烈讨论，对“人才争夺战”的现状、背后的原因以及将带来的改变进行了分析和讨论。

## 一、从横向和纵向两个维度来解读“人才争夺战”的局势

从横向来看，尽管各省争夺人才的方式主要是落户优惠、住房补贴和社会保险等基本生活保障，但是侧重点却各有不同。例如，成都的“金熊猫”人才政策体现出成都人才缺口主要在制造业和电子信息产业上；而贵州在大数据发展过程中，非常缺乏拥有技术背景的基础型人才，

因此在抢人大战中，更注重通过职业教育方式，培养大数据方面的专业技能人才。从纵向来看，时评人孔维宏指出，过去各省多用招商引资的方法来促进经济发展，然而，随着发展理念从高速增长向高质量发展转变，对科研、人才的需要会越来越大。虽然意图相似，但是比起招商引资，人才政策的转移成本要更低。不过在评价机制上，相对企业的客观评价机制，人才引进的标准比较难以界定，存在有人“混学历”，当地政府“唯资历论”等问题，从而出现“所招非才”的情况。[1]

## 二、“人才争夺战”的背后是现实环境中不得已的选择

时评人罗竖一认为，所谓抢人才大战实质就是抢人大战，反映出中国严重的人口危机。过去几十年来，中国社会普遍形成了一种“共识”：不能多生孩子，因为资源是有限的；既是家庭的负担，也是社会和国家的负担。但事实上，我国目前存在人口老龄化、少子化，人口质量不高、人口结构失调等问题。即便是近年来放开二胎，人口增长也并不明显，甚至较上一年还有所下降[2]。除上述因素，国家行政学院政治学教研部教授张国玉还提出三点看法。一是不同经济发展阶段对资本、土地和劳动的需求不同，历经农业和工业生产的剩余之后，资本的重要性开始下降，劳动的重要性进一步凸显。二是地方政府的竞争过去主要围绕招商引资进行，在土地要素和资本要素上过度竞争，损害了地方的长远竞争力。为把地方政府的区域竞争控制在合理范围内，党的十八大以来，国家开始引导地方对劳动要素的竞争。三是创新需要高素质的人才。对于各城市的创新驱动发展战略来说，长期计划，就是要培养一批人才；短

---

〔1〕 孔维宏：《专家宏说 | 人才争夺战与“招商引资”》，载招商百科网，http：//zhaoshang. baike. com/article-4376553. html，最后访问日期：2018 年 6 月 9 日。

〔2〕 罗竖一：《“人才争夺战”折射的是人口危机》，原载中国论坛网，载人民日报海外版官网，http：//m. haiwainet. cn/middle/3543370/2018/0329/content_ 31288992_ 1. html，最后访问日期：2018 年 6 月 9 日。

期计划，就是要从全球、全国各地挖人、抢人〔1〕。

## 三、“人才争夺战”对城市格局将产生的影响

上海金融与法律研究院研究员刘远举在《“人才争夺战”能否改变中国城市等级格局》一文中说道，根据ZIPF法则，对于一个国家来说，城市人口与其城市大小排名之间存在简单的相关关系，即城市人口越多，其排名就越靠前。但是由于中国特殊的户籍制度、人才对城市GDP的看重（“人才争夺战”也是一个双向选择的过程），以及ZIPF的补充法则等多方面原因，他预测，GDP较高的北上广深仍然在争夺战中具有优势，而成都、重庆和西安等准一线城市则因为ZIPF的补充原则也将收获大批人才，但是对中国人才的流动趋势影响不会很大〔2〕。同时，《21世纪经济报道》预测：“在人才向部分优势地区集中的同时，中西部欠发达地区人才空心化问题也将更加突出。”根据采访，很多学者都表示，西部城市对人才的户籍、住房补贴等优惠政策只是一个辅助性的激励手段而已，吸引人才还是城市本身的经济发展水平等核心要素。〔3〕

最后，为了在“人才争夺战”中达到人才和城市的双赢，经济学博士单许昌给各地政府提出了一个优化策略：由于“人才争夺战”本质上是由人才、企业、社会和政府驱动的，所以各地在抢夺人才这一资源时，需要根据当地的实际情况，有针对性地制定人才政策。同时，要科学匹配初级、中级和高级人才，优化人才结构，不应盲目争夺高端人才，否

〔1〕张国玉：《为什么会爆发“人才争夺战”》，载人民论坛网，http://www.rmlt.com.cn/2018/0601/520018.shtml，最后访问日期：2018年6月9日。

〔2〕刘远举：《人才争夺战能否改变中国城市等级格局》，载腾讯大家网，http://dajia.qq.com/original/category/lyj20180402.html，最后访问日期：2018年6月9日。

〔3〕李果、郭婧玉：《新一轮人才争夺战得与失：重塑未来区域经济格局》，载21世纪经济报道官网，http://www.21jingji.com/2018/4-14/yNMDEzNzlfMTQyODMyNg_2.html，最后访问日期：2018年6月9日。

则就算抢到了人才，也难以留住[1]。在这方面，著名评论员任然认为《上海加快实施人才高峰工作工程行动方案》表现突出。上海未来的目标是建设成为卓越的全球城市，但是目前它的人才状况仅是“人才高地”，还没有形成人才高峰。因此，上海与当前多数城市重点吸纳大学毕业生的引才政策有三个不同点：一是实施人才高峰工程，突出对高端人才的引进，瞄准在世界范围内参与人才竞争；二是更为突出人才发展的软环境建设，而非目前各地推出的“送户口、送钱、送房子”的政策；三是积极建成门类齐全、梯次合理、充分满足经济社会发展需要的人才体系[2]。

（李祺整理）

〔1〕 单许昌:《人才争夺战的背后力量及优化策略》，原载澎湃新闻，转载自第一智库网，www. 1think. com. cn/ViewArticle/html/Article _ 4FFA4A807C07BCF4B4EF9BFBD2A90C8B _ 43343. html，最后访问日期：2018 年 6 月 9 日。

〔2〕 任然:《上海重磅“入局”人才争夺战，背后大有深意》，载简单玩网，http：//www. jdwan. com/a/bEgvYoABz4y528Oo，最后访问日期：2018 年 6 月 9 日。

# MeToo 运动在中国

[**编者按**] 2018 年 7 月，曝光性骚扰、性侵害的 MeToo 运动从国外进入中国，并由高等教育界蔓延到了公益圈。长期以来，在许多权力结构不平衡的行业，很多女性或多或少受到性骚扰的侵害。MeToo 运动是对这一现象的反抗，希望通过诉诸舆论或者媒体的方式来抵制性骚扰行为。这种方式一方面能够帮助处于弱势地位的女性维护自己的权益，但是在另一方面也有可能沦为舆论的狂欢。可以说，该运动引发了十分激烈的舆论讨论，既有批评的观点，也是赞赏的看法，同时大部分讨论也都认同需要建立起稳定的反性骚扰、反性侵害长效机制。

## 一、关于性骚扰，争论各方缺乏统一认识

我国《妇女权益保障法》和 2012 年国务院出台的《女职工劳动保护特别规定》明令禁止对女性进行性骚扰，但并没有对性骚扰给出明确定义。一个在学理上被广泛接受的界定源自美国法。按照美国公平就业机会委员会（EEOC）的界定，性骚扰是指“不受欢迎的性举动、性要求和其他与性有关的言语或身体碰触，这些行为会明显或潜在地影响个人的工作，不合理地影响个人工作的表现或者形成一个具有威胁性的恶意的或侵略性的工作环境”。男女都可能成为性骚扰的受害者，性骚扰也可能发生在同性之间，而且受害者不一定是性骚扰的直接对象。

除此之外，性骚扰有以下几点需要特别注意：（1）性骚扰常常涉及

不对等的权力关系；（2）当事人自己的感受和意愿至关重要，应被充分尊重；（3）性骚扰可以是语言上的，也可以是行为上的；（4）不受欢迎的并不限于性行为或其他具有极强性意味的行为，也包括令人不适的搂抱和触碰；（5）性骚扰的结果可能只导致潜在的影响，不一定是实际发生的影响；（6）影响当事人工作、表现或造成恶意工作环境的都可判定为性骚扰；（7）当事人是否单身，其地位、性别、年龄，是否为正式员工，都是无关因素。[1]

中国人民大学性社会学研究所所长黄盈盈认为，“性骚扰”是一个与行为和感受联系在一起的复杂与模糊概念，与文化规范、主体定义、情绪多变等特点都有关。所以性骚扰的定义不宜扩大，需结合文化特点与生活现实，按程度不同分别应对，法律的介入宜抓大放小。[2]

另外，性骚扰和性侵害中的一个关键问题是被害人同意问题。关于性侵害中的同意问题，中国政法大学教授罗翔介绍，“不等于不”标准是当前普通法系在认定性侵犯罪被害人是否不同意性行为的一个标准。“不等于不”标准认为，女性语言上的拒绝应看作对性行为的不同意，法律应当尊重女性说“不”的权利。如果行为人发生认识上的错误，认为被害人语言上的拒绝实际上只是一种明拒暗迎的举动，这种认识错误并不妨碍犯罪的成立，行为人必须为自己的错误认识承担刑事责任。[3]

## 二、关于如何看待 MeToo 运动，各方观点不一

支持者认为，MeToo 运动是弥补现行法律制度和司法体系无效的必要

---

〔1〕 C 计划：《MeToo，性骚扰离我们每个人都不远》，https：//matters. news/forum/？post = 1da45fb8-36e5-493a-ba9e-af91c30f909d，最后访问日期：2018 年 8 月 14 日。

〔2〕 黄盈盈：《“MeToo 高校反性骚扰事件”的社会学分析与对策建议》，http：//www. sohu. com/a/240469247_ 345245，最后访问日期：2018 年 8 月 14 日。

〔3〕 罗翔：《什么是性侵犯中的不同意》，载澎湃新闻，https：//www. thepaper. cn/newsDetail_ forward_ 2062745，最后访问日期：2018 年 8 月 14 日；罗翔：《“不等于不”：泰森为什么被判强奸》，载澎湃新闻：https：//www. thepaper. cn/newsDetail_ forward_ 2300421，最后访问日期：2018 年 8 月 14 日。

手段，不会造成冤假错案；批评者则认为，MeToo 运动可能演变为歇斯底里的大众狂欢，全凭舆论方式进行，很有可能造成冤假错案。清华大学政治系副教授刘瑜认为，MeToo 运动撇开法律途径，纯粹诉诸网络，某种程度上是一种集体性的、远距离的、带有狂欢性质的公审，有违程序正义、无罪推定和比例原则，很有可能造成冤假错案；MeToo 把不同性质的冒犯捆绑在一起是不适当的。〔1〕 无独有偶，2017 年西方国家盛行 MeToo 运动时，一些西方女性主义者也批评，MeToo 运动存在四大问题：一是运动有强化女性受害者地位的趋势；二是对性侵犯的定义越来越宽泛，运动失去重心和焦点；三是运动变形为群体性的歇斯底里；四是运动的极端趋势在制造两性对立。〔2〕

关于刘瑜提到的无罪推定原则，哥伦比亚大学政治学博士林垚认为，无罪推定只适用于刑事案件的司法审判过程，不适用于民事纠纷和公共舆论。〔3〕 对此，刘瑜认为，“无罪推定”原则首先是一种文化，如果公共舆论中大家都普遍推行有罪推定，那么法庭上也很难有效推行无罪推定原则；即使我们在舆论中不能使用无罪推定，也应该在有比较强的依据的情况下使用有罪推定原则。

而关于 MeToo 是否会造成冤假错案，林垚承认，逻辑上存在可能性，但是他认为在给定的经验世界的条件约束下，冤假错案是极个别的情况；MeToo 在机制上可以防止冤假错案，爆料会以后续证据的补充转为“实锤”，爆料的中介者也会去核实情况，只有在缺乏真正公共性的情形下，

---

〔1〕 刘瑜：《关于 metoo》，https：//matters. news/forum/？ post = 16439143 - 1a75 - 497a - bad2 - 875d2fcd5d28，最后访问日期：2018 年 8 月 14 日。

〔2〕 刘擎：《2017 年西方思想年度述评（下篇·文化与科技）》，载腾讯大家，http：//dajia. qq. com/original/category/lq18012902. html，最后访问日期：2018 年 8 月 14 日。同时可参见黄盈盈：《“#MeToo 高校反性骚扰事件”的社会学分析与对策建议》，http：//www. sohu. com/a/240469247_ 345245，最后访问日期：2018 年 8 月 14 日。

〔3〕 林垚：《MeToo 运动与“无罪推定”：一个澄清》，https：//matters. news/forum/？ post = b03439cc - 52ba - 49d2 - 807a - 9eb7c84a998e，最后访问日期：2018 年 8 月 14 日。

才可能打破这一动态平衡过程。[1] 宾夕法尼亚大学传播学博士候选人方可成认为，目前对运动的一些担忧来自于对概念的教条理解。[2]

原杜克大学卫生政策研究所高级研究助理钱居华则认为，虚假的性侵指控确实持续存在，绝非个例，占比在4%-6%之间。尽管占比不高，但MeToo运动的参与者应该对舆论狂热和造成冤假错案的顾虑进行有效、正面回应，并切实提出性侵取证的采信标准，如此，不仅能增加MeToo运动的公信力，也有助于这一运动获得社会更广泛的理解和共识。[3]

## 三、需要建立起稳定的反性骚扰、反性侵害长效机制

“C计划”认为，MeToo运动是我们重塑社会礼仪、社会规范的契机，我们需要借此更加细致讨论如何确定不同社交场合中的行为边界：哪些行为，必须获得对方的明确同意才可以进行；哪些行为，一方有责任给出明确的拒绝信号；哪些行为，无论对方有没有明确的意思表示，在某些场合无论如何都不应该出现。[4] 对于普通个人，一方面应该反思自身言行，是否是性骚扰的实施者，是否对受害者存有偏见，是否了解维护权利的方式等，同时避免立场先行，为亲者讳；另一方面应该呼吁所在学校或单位建立反性骚扰长效机制，同时呼吁法律改革，普及法律教育。对于机构及其领导者，则应意识到性骚扰对当事人造成的严重伤

---

〔1〕 林垚：《metoo运动会制造冤假错案吗?》，https：//matters. news/forum/? post=787abbb0-12f9-48f6-b63e-1e2bc4665707，最后访问日期：2018年8月14日。

〔2〕 方可成：《对metoo运动的一些担忧可能来自对概念的教条性理解》，https：//matters. news/forum/? post=63588a4f-bc17-4ae5-a005-dd18037ebc0e，最后访问日期：2018年8月14日。

〔3〕 钱居华：《MeToo运动会误伤无辜吗？——再论性侵指控中的“舆论审判”问题》，https：//matters. news/forum/? post=d36b2555-2b82-48ed-83a1-d624bf7f907d，最后访问日期：2018年8月14日。

〔4〕 蓝方：《MeToo正在扩大化？对，还要来得更猛烈一些》，https：//matters. news/forum/? post=da582782-e213-41ee-9c3c-2e886cdfea92，最后访问日期：2018年8月14日。

害，建立起对性骚扰零容忍的相关制度。[1] 澎湃新闻的社论也呼吁建立预防性侵害制度，认为性侵害事关女性权益保护的严肃社会问题，其不仅伤害个体权益，也损害社会整体利益。[2]

黄盈盈则认为，首先，我们应系统梳理现有资源，完善举报、举证、调查等环节与防治措施，并让更多的公众知晓这些途径；其次，针对性骚扰事件举报不易、举证难甚至立案难等特点，召集相关领域的专家开展讨论，具体分析原因与对策；再次，借助调解的传统文化，设立调解机制，不宜动辄对立化各方关系；最后，学校、家庭、社会力量应创造更多的公共讨论空间，建设更加积极、平等的性与性别文化。总之，要从实效上最大可能地保护举报者的权益，以及被举报者的申述权利，对于经调查情况属实的，依法惩戒；对于诬告行为，应有相应的惩戒；对于媒体的激情煽动，也应当有制度的适度制衡。[3]

钱居华也认为，对于缺乏证据或纯属虚构的性侵指控，媒体与舆论不应过度炒作，而应主动努力澄清事实，对受影响的当事人给予名誉上的补偿与平反，同时对指控者进行力所能及的追责。[4]

著名前媒体人闾丘露薇同样指出，现在媒体的报道，大部分不仅没有深入探讨法律的实然规定和相关制度建设，甚至在一些基本的概念方面，也没有承担起媒体应有的社会责任，比如区分性骚扰和性侵，比如强调性骚扰是需要承担法律责任的行为，比如告知读者如何维护个人权利。个案发生后，媒体从业人员也没有意识到从现有法律层面考虑问题，并寻找合适的专家学者和法律界人士进行分析，这使得媒体在联合各界

---

〔1〕 C 计划：《MeToo，性骚扰离我们每个人都不远》，https：//matters. news/forum/？post = 1da45fb8-36e5-493a-ba9e-af91c30f909d，最后访问日期：2018 年 8 月 14 日。

〔2〕 社论：《性侵不是粉色谈资，让我们严肃面对》，载澎湃新闻，https：//www. thepaper. cn/newsDetail_ forward_ 2292089，最后访问日期：2018 年 8 月 14 日。

〔3〕 黄盈盈：《“MeToo 高校反性骚扰事件”的社会学分析与对策建议》，http：//www. sohu. com/a/240469247_ 345245，最后访问日期：2018 年 8 月 14 日。

〔4〕 钱居华：《MeToo 运动会误伤无辜吗？——再论性侵指控中的“舆论审判”问题》，https：//matters. news/forum/？post = d36b2555 - 2b82 - 48ed - 83a1 - d624bf7f907d，最后访问日期：2018 年 8 月 14 日。

人士推动社会进步方面表现得不如人意。[1]

罗翔则从刑法视角提出了更加专业的建议。考虑到中国的实际情况，在处理性侵犯罪时，我们应采取“新的合理反抗规则”，这一新规则由“合理反抗规则”吸收“不等于不规则”和“肯定性同意规则”的合理部分构成，其中，“合理反抗规则”即受害人对侵害人的性要求进行合理的反抗表明不同意，“肯定性同意规则”即在没有自由的、肯定性的表达同意的情况下，性行为就是非法的，沉默应当被视为一种拒绝的意思表示。其中，“肯定性同意规则”只应适用于女方因服用毒品或麻醉物品而完全丧失辨认能力或控制能力的迷奸案件。与此同时，罗翔建议将存在特殊信任关系群体（如教师与学生、监护人与被监护人、医生与患者等）的性同意年龄要求提高至 18 周岁（我国现行刑法的同意年龄为 14 周岁）。[2]

（曹文姣整理）

〔1〕 闾丘露薇：《在性骚扰报道中，中国媒体做得还不够》，载微信公众号“腾讯‘大家’”，最后访问日期：2018 年 8 月 14 日。

〔2〕 罗翔：《什么是性侵犯中的不同意》，载澎湃新闻，https：//www. thepaper. cn/newsDetail_ forward_ 2062745，最后访问日期：2018 年 8 月 14 日。

# "昆山龙哥案"引发关于"正当防卫"大讨论

**[编者按]** 我国在司法实践中对于正当防卫的判决一直持十分谨慎的态度，被成功判处正当防卫的少之又少。但是在有些案件中，这样的判决往往会违背大众的感情，给人一种与情理不符的感受，从而引发舆论的讨论。2018年8月27日晚，江苏省昆山市发生一起持刀砍人被反杀的案件，引起了舆论的广泛关注。案发之后，警方和检方迅速展开了联动处置，第一时间通过"警方通报"的方式将相关事实披露给公众。从披露情况来看，事实清楚，证据充分，并非疑难案件。但是引爆舆论的除了砍人被反杀的戏剧性情节和死亡者疑似涉黑的身份外，舆论更为关心的是：杀人者是否构成"正当防卫"。[1]

## 一、案件事实和处理结果

案发后，江苏省公安厅、苏州市公安局赴昆山指导案件侦办工作。经过一系列侦查工作，警方对案件主要事实进行认定。认定事实如下：案发当晚，刘海龙醉酒驾车载刘某某、刘某、唐某某沿昆山市震川路西行至顺帆路路口时，向右强行闯入非机动车道，与正常骑自行车的于海明险些碰擦，双方遂发生争执。刘某某先下车与于海明发生争执，经同行人员劝解返回车辆时，刘海龙突然下车，上前推搡、踢打于海明。虽

〔1〕 政法舆情研究组：《8月政法新媒体：从昆山砍人案看"法理情"争议怎么破》，载人民网，2018年9月21日。

经劝架，刘海龙仍持续追打，后返回宝马轿车取出一把砍刀（经鉴定，该刀为尖角双面开刃，全长59厘米，其中刀身长43厘米、宽5厘米，系管制刀具），连续用刀击打于海明颈部、腰部、腿部，致其左颈部及左胸季肋部挫伤。击打中砍刀甩脱，于海明抢到砍刀，并在争夺中捅刺刘海龙腹部、臀部，砍击右胸、左肩、左肘，刺砍过程持续7秒，后刘海龙经送医抢救无效于当日死亡。此外，案发时，于海明曾将车内刘海龙手机取出放入自己口袋。民警到达现场后，于海明将手机和砍刀主动交给处警民警（于海明称，拿走刘海龙手机是为了防止对方打电话召集人员报复）。[1]

《中华人民共和国刑法》第20条第3款规定："对正在进行行凶、杀人、抢劫、强奸、绑架以及其他严重危及人身安全的暴力犯罪，采取防卫行为，造成不法侵害人伤亡的，不属于防卫过当，不负刑事责任。"综合考虑侦查结果及检察机关的意见、建议，公安机关认定于海明行为符合该条构成要件，构成正当防卫，故依法撤销案件。在公告中，具体分析了三点理由：

第一，刘海龙的行为属于刑法意义上的"行凶"；

第二，刘海龙的不法侵害是一个持续的过程；

第三，于海明的行为出于防卫目的。[2]

最终，警方的处理结果是：认定于海明的行为属于正当防卫，不负刑事责任，警方依法撤销了于海明案件。[3] 这一撤销也得到了昆山检方的背书支持。

## 二、实体问题：正当防卫如何走出沉默

在我国司法实践中，法院对于正当防卫的认定往往采取较为谨慎的

〔1〕《警方通报》，载"昆山公安微警务"，2018年9月1日。

〔2〕《警方通报》，载"昆山公安微警务"，2018年9月1日。

〔3〕《警方通报》，载"昆山公安微警务"，2018年9月1日。

态度。“昆山龙哥案”的处理结果之所以被人民日报、新华社等权威媒体称赞为“民之所盼，法之所向”，[1] 是因为司法机关在综合、全面考虑案件细节的基础上，对于海明的行为进行了公正、准确的界定。

从案件起因看，刘海龙醉酒驾车，违规变道，主动滋事，挑起事端；从事态发展看，刘海龙先是推搡，继而拳打脚踢，最后持刀击打，不法侵害步步升级。此外，刘海龙持管制刀具击打于海明颈部等要害部位，在砍刀甩落在地后，立即上前争夺等行为对于海明的人身安全制造了紧迫而现实的危险。至于于海明面对挥舞的长刀所做出的抢刀反击行为，均在7秒内形成，属于情急下的正常反应，不能苛求他在不法侵害不断升级的紧急情况下，还能精准控制捅刺的力量和部位。[2] 这种判断也与特殊防卫的立法目的相符合。

即便如此，案件之所以引起舆论的激烈讨论，是因为“正当防卫”长期以来沦为刑法中的沉默条款，在刑事司法实践中得不到采用。一些舆论甚至列举了符合正当防卫的种种苛刻条件，质疑正当防卫条款的可适用性。对此，北京大学梁根林教授认为，司法实务在判断正当防卫是否过当的问题上存在四种误区，即采用客观冷静的圣人标准、以事后思维为基础、过分强调对等武装、唯结果论。清华大学周光权教授则表示，我国刑法对正当防卫的规定已近完备，更重要的在于司法机关勇于担当，敢于适用。[3]

回溯至两年前，交织着伦理亲情与伤人致死的于欢案同样引发了全国范围的激烈讨论。于欢案二审改判并被写入指导性案例的结果意味着正当防卫条款适用的进步，但是于欢依然被认定为“防卫过当”。在正当防卫与防卫过当两个环节的审查中，山东高院在正当防卫层面迈出了重

---

[1] 政法舆情研究组：《8月政法新媒体：从昆山砍人案看“法理情”争议怎么破》，载人民网，2018年9月21日。

[2] 《为什么认定于海明的行为属于正当防卫？——关于昆山“8.27”案件的分析意见》，载江苏检察在线，2018年9月1日。

[3] 徐然：《法治课丨于欢案、昆山案办案检察官与法学名家共议正当防卫》，载微信公众号“检察日报”，2018年9月18日。

要的一步，但本案防卫是否达到“过当”程度在学理及实务层面都具有讨论的空间。无论如何，司法裁量都应尽力树立并维护“正义不必退让”的法秩序，以培养公民尊重他人权益、合法维护自身权益的信心，并在这一良性循环中，真正激活正当防卫制度。

从2016年的“于欢案”到如今的“昆山龙哥案”，公众对于“正当防卫”认定的讨论不断深入。这不仅体现出社会各界对具体个案的积极表达，也代表着公众对于自我救济限度的关注。“昆山龙哥案”的处理方式体现出正当防卫制度优先保护防卫者的制度价值，为后续司法实践提供了宝贵的借鉴经验。在实践中，许多不法侵害是突然的、急促的，防卫者在仓促、紧张状态下往往难以准确地判断侵害行为的性质和强度，难以周全、慎重地选择相应的防卫手段。因此，在事实认定和法律适用上，司法机关应充分考虑防卫者面临的紧急情况，依法准确适用正当防卫规定，保护防卫者的合法权益，从而树立良好的社会价值导向。[1]

## 三、程序问题：正当防卫如何进入程序

本案的处理结果是，由警方直接撤销案件，而不是由检察机关审查起诉后，经由法院审判。对此，有观点认为，案件并没有真正展开刑事司法程序，由公安机关撤案的处理方式与《中华人民共和国刑事诉讼法》第12条“未经人民法院依法判决，对任何人都不得确定有罪”的规定相违背，同时公安机关代位行使司法判断权的行为也违背了“刑事诉讼审判居中，控辩两翼”的诉讼格局，这一程序上的瑕疵不利于推进以审判为中心的诉讼制度改革。

应当指出，上述观点是对我国刑事诉讼法的误读。第一，法院定罪原则并非要求一切判决均由法院作出，而是旨在明确行为人从无罪的公民转化为有罪的罪犯必须严格符合实体、证据、程序条件，在法院作出

---

〔1〕《为什么认定于海明的行为属于正当防卫？——关于昆山“8.27”案件的分析意见》，载江苏检察在线，2018年9月1日。

生效判决前，完整的诉讼程序并未完成，此时行为人仍然处于无罪状态，这是刑事诉讼无罪推定原则的体现。

第二，公诉案件的一般流程为立案、侦查、审查起诉、第一审程序、第二审程序、执行程序。任何一个程序都可能中断，从而得出行为人无罪的结论。行使侦查权的公安机关在侦查阶段发现案件不符合起诉条件，即有权根据我国《刑事诉讼法》第161条撤销案件。

第三，审判中心主义改革所要破除的侦查中心主义并非侦查机关行使司法判断权的行为，而是侦查机关在侦查阶段剥夺行为人财产、自由，并在庭审前移送案卷从而导致法官产生预判，庭审流于形式的现象。[1]本案中公安机关正确行使侦查权，在于海明行为并不符合犯罪实体要件时及时撤销案件的行为恰恰与审判中心主义改革贯彻无罪推定原则，避免公安机关侦查阶段的违法行为，以维护程序正义的宗旨相符。

因此，正当防卫作为犯罪违法阻却要件，属于司法机关审查犯罪的实体条件。在刑事诉讼中，应当认为行使司法权的侦查机关、检察机关、审判机关均有权对之进行审查，并作出合法判断。这不仅符合程序正义的要求，也与我国审判中心主义改革的目标相符合，是刑事诉讼结果公正、过程公正、合理配置司法资源的三元价值观的彰显。

（于楚涵整理）

---

〔1〕 陈瑞华：《审判中心主义改革的两大核心问题和有效辩护的两个基本保障》，载京都律师，2016年9月10日。

# 关于比特币狂热的反思

**[编者按]** 比特币从产生至今一直热议不断，由于其自带“财富效应”而引发了强烈的“羊群效应”，社会投资投机热情高涨。虽然比特币价格如过山车极不稳定，但在“害怕错过”心理的推动下，还是有很大一部分群体进入这个市场，在2017年更是成为世界级话题。随着近几个月币值的暴涨暴跌，曾经小范围知晓的比特币再度引发舆论广泛关注。澎湃新闻在2018年2月连续推出三篇文章，围绕比特币狂热现象背后的技术、风险和未来走向等问题展开讨论。

## 一、比特币的界定及其与货币的关系

比特币是一种P2P形式的虚拟数字货币，诞生于2009年。它建立在区块链的基础上，具有去中心化的特点；它不依靠特定货币机构发行，而是依据特定算法，通过大量计算产生；并通过使用整个P2P网络中众多节点构成的分布式数据库来确认并记录所有的交易行为，使用密码学的设计来确保货币流通各个环节安全性，很难被篡改，具有匿名性。同时由于比特币使用的区块链技术是一种安全记录交易的分布式总账，即把交易数据分别存储在所有联网计算机上，每笔交易都需要联网计算机至少一半确认，所以其交易具有透明性。[1] 此外，比特币的总数是恒定

〔1〕《人民日报：“对虚拟货币的监管仍在加码，给比特币降温很有必要”》，载澎湃新闻，http://www.thepaper.cn/newsDetail_forward_1995614，最后访问日期：2018年3月11日。

的，仅有2100万枚。总之，比特币不由一个国家的央行发行，也没有国家背后的信用背书，没有一个中央的权威去决定币值，也没有一个中央的交易系统去验证交易。

关于是否将比特币视为货币，各国政府目前有四种态度：（1）将比特币视为数字货币，承认其合法，且具有部分货币属性，比如德国、日本和菲律宾；（2）将其视为“商品”或“资产”，合法但不具有货币属性，比如加拿大；（3）未承认合法，也未完全禁止；（4）立法禁止，如泰国、厄瓜多尔。[1] 而经济界普遍认为，现代货币必须有国家或其他公共机构背书才能成为货币。英国金融服务管理局前主席阿代尔·特纳（Adair Turner）认为，货币的价值与经济功能根植于发行方——国家及其机构的权威。现代经济中，货币之所以具有实际的价值，是因为政府认可其作为支付税款和发行债务的手段。普林斯顿大学历史和国际事务教授哈罗德·詹姆斯（Harold James）也认为货币几乎一直是一种主权的表达，没有政府认证就不太可能被完全信任。[2] 欧洲央行副行长维托·康斯坦西奥（Vitor Constancio）在2017年9月则表示，比特币不是一种货币，而是一种泡沫，它跟17世纪的荷兰郁金香泡沫一样。[3] 总体上，各国政府多将加密货币视为合法资产，但不承认其货币属性。

关于比特币能否取代法定货币，各方观点不一。有部分人士看好比特币等虚拟数字货币取代法定货币，但专业人士认为这并不现实。《经济学人·商论》主编吴晨认为，从货币作为储值手段、流通手段和计价单位的三个主要职能来看，比特币一个职能都承担不了。比特币价格的暴涨暴跌，使其难以承担作为储值手段和计价单位的职能；而它繁琐缓慢

---

〔1〕 卢南峰整理：《比特币狂热的背后：技术革命还是资本泡沫?》，载澎湃新闻，http://www.thepaper.cn/newsDetail_forward_1986759，最后访问日期：2018年3月11日。

〔2〕 卢南峰整理：《比特币狂热的背后：技术革命还是资本泡沫?》，载澎湃新闻，http://www.thepaper.cn/newsDetail_forward_1986759，最后访问日期：2018年3月11日。

〔3〕 卢南峰整理：《比特币狂热的背后：技术革命还是资本泡沫?》，载澎湃新闻，http://www.thepaper.cn/newsDetail_forward_1986759，最后访问日期：2018年3月11日。

的交易流程，也使得它难当流通手段的大任。[1] 哈佛大学经济与公共政策教授、国际货币基金组织前首席经济学家肯尼斯·罗格夫（Kenneth Rogoff）则认为，比特币将取代央行发行的货币的想法是愚蠢的，因为这将使得征税和打击犯罪变得异常困难。[2]

而中国人民银行早在2013年12月就联合五部委发文，将比特币定性为商品，不能用作支付手段，并把所有的金融体系和比特币划清界限。2017年9月，中国人民银行则将ICO（Initial Coin Offering，首次代币发行）认定为“非法公开融资行为”，并关闭了中国的全部三家比特币交易所。[3]

关于比特币是否存在价值的问题，多个知名人士和机构都认为比特币实际上一文不值，它现在昂贵的价格源于它声称可以成为货币。比如摩根士丹利公司2017年12月份的一份研究报告指出，比特币的实际价值基本为零，因为几乎没有网络零售商能接受这种支付方式。[4] 尽管法定货币脱离黄金标准后，也没有内在价值，但它是政府认可的，所以就成了货币。[5]

针对比特币能否真的如其所说，因其总量恒定，且不受人为控制，可以永久解决通货膨胀问题，纽约大学斯特恩商学院教授努尔·鲁比尼（Nouriel Roubini）进行了批驳。其一，由于比特币总量恒定所以不会像法定货币那样贬值的说法是错误的，因为新的加密货币在不断发明出来，比特币自身也已有三种分支，再加上ICO骗局，所以数字货币的贬值比

[1] 吴晨：《比特币狂热背后：货币职能、投机心理以及区块链的潜能》，载澎湃新闻，http://www.thepaper.cn/newsDetail_forward_1984121，最后访问日期：2018年3月11日。

[2] 卢南峰整理：《比特币狂热的背后：技术革命还是资本泡沫?》，载澎湃新闻，http://www.thepaper.cn/newsDetail_forward_1986759，最后访问日期：2018年3月11日。

[3] 周炎炎：《比特币疯狂史：已成“很low的市场”，坏了区块链的名声?》，载澎湃新闻，http://www.thepaper.cn/newsDetail_forward_1999036，最后访问日期：2018年3月11日。

[4] 周炎炎：《比特币疯狂史：已成“很low的市场”，坏了区块链的名声?》，载澎湃新闻，http://www.thepaper.cn/newsDetail_forward_1999036，最后访问日期：2018年3月11日。

[5] 马歇尔·奥尔巴克：《比特币会成为新“财神”吗?》，载澎湃新闻，http://www.thepaper.cn/newsDetail_forward_1997772，最后访问日期：2018年3月11日。

任何央行都快得多。其二，如果比特币真的取代法定货币，随着时间推移，物价将持续下跌，商品和服务的实际价值持续上升，从而引发通货紧缩。大萧条即源于通货紧缩。其三，按照目前比特币的价格波动，投资者购买加密货币不会用于交易，而是会期望其价格上涨，所以它不会取代法定货币。此外，几乎所有人都看到了比特币的生产（“挖掘”）和使用都相当耗费电力资源，非常不环保。〔1〕

至于为何会出现比特币狂热，导致比特币暴涨，吴晨认为，这源于一种“生怕错过”（Fear of Missing Out）的投机心理。这种心理吸引了越来越多的人加入其中，使得泡沫越吹越大。〔2〕

## 二、比特币狂热有何危险?

总体来看，比特币不仅没有造福人们，反而还引出了众多金融和社会风险。一是市场风险。虚拟货币价格的快速上涨和剧烈波动，将导致市场风险不断集聚。〔3〕 哈罗德·詹姆斯甚至认为，当前的比特币泡沫已经到了可能影响全球的地步了，资本狂热程度让人想起 2008 年金融危机前的状况。不过阿代尔·特纳认为，比特币这种个别商品的繁荣或萧条一般不会对宏观层面造成影响，房地产领域历来才是最危险的。〔4〕 二是为违法犯罪活动提供庇护。鲁比尼认为，到目前为止，比特币唯一的真正的用途就是促进诸如毒品交易、逃税、避免资本管制或洗钱等非法活

〔1〕 卢南峰整理：《比特币狂热的背后：技术革命还是资本泡沫?》，载澎湃新闻，http://www.thepaper.cn/newsDetail_forward_1986759，最后访问日期：2018 年 3 月 11 日。

〔2〕 吴晨：《比特币狂热背后：货币职能、投机心理以及区块链的潜能》，载澎湃新闻，http://www.thepaper.cn/newsDetail_forward_1984121，最后访问日期：2018 年 3 月 11 日。

〔3〕 周炎炎：《比特币疯狂史：已成“很 low 的市场”，坏了区块链的名声?》，载澎湃新闻，http://www.thepaper.cn/newsDetail_forward_1999036，最后访问日期：2018 年 3 月 11 日。

〔4〕 卢南峰整理：《比特币狂热的背后：技术革命还是资本泡沫?》，载澎湃新闻，http://www.thepaper.cn/newsDetail_forward_1986759，最后访问日期：2018 年 3 月 11 日。

动。[1] 三是如果比特币真的取代法定货币，将造成巨大的贫富差距。因为比特币的总量为恒定的2100万枚，目前已“开采”超过80%，这些比特币大量积聚在少数人手里，这意味着这部分人将掌握社会的绝大多数财富，这会是人类历史上规模最大、最为暴烈的一场革命与财富再分配，并将导致远超当下的贫富差距。[2] 基于比特币可能诱发的这些风险，各国政府、银行和信贷机构也都在加强对比特币的监管。

## 三、人们总体上谨慎对待比特币，但看好区块链技术的前景

对于比特币，肯尼斯·罗格夫认为，从长远来看，比特币以及其他加密货币的价格将会崩溃，但是各大央行会创造自己的数字货币，并使其成为主流货币。[3] 美国股神巴菲特接受采访时也表示，市场对比特币等加密数字货币的狂热不会有好结局。[4]

对于区块链，2016年《经济学人》发表的《信任机器》一文认为，区块链作为一种新兴的去中心化的技术，不仅在数字货币领域，在供应链、医疗、房地产交易等很多领域都会有广泛应用的前景。吴晨认为，推动区块链应用的动力源于希望在核心与大众、中心与去中心达成某种平衡，防止平台主导权力，遏制竞争。而区块链上数据的透明与不易篡改特性和智能合约的特点，使得可以把更多流程自动化，这是区块链技术有益的优势。[5] 所以新华社发文呼吁，应区分比特币和区块链，防止

〔1〕 卢南峰整理：《比特币狂热的背后：技术革命还是资本泡沫?》，载澎湃新闻，http://www.thepaper.cn/newsDetail_forward_1986759，最后访问日期：2018年3月11日。

〔2〕 卢南峰整理：《比特币狂热的背后：技术革命还是资本泡沫?》，载澎湃新闻，http://www.thepaper.cn/newsDetail_forward_1986759，最后访问日期：2018年3月11日。

〔3〕 卢南峰整理：《比特币狂热的背后：技术革命还是资本泡沫?》，载澎湃新闻，http://www.thepaper.cn/newsDetail_forward_1986759，最后访问日期：2018年3月11日。

〔4〕 周炎炎：《比特币疯狂史：已成“很low的市场”，坏了区块链的名声?》，载澎湃新闻，http://www.thepaper.cn/newsDetail_forward_1999036，最后访问日期：2018年3月11日。

〔5〕 吴晨：《比特币狂热背后：货币职能、投机心理以及区块链的潜能》，载澎湃新闻，http://www.thepaper.cn/newsDetail_forward_1984121，最后访问日期：2018年3月11日。

政策误伤技术研发热情。[1]

不过，努尔·鲁比尼的看法不同，他认为虽然区块链技术比加密货币更有前途，但宣称比特币技术比互联网更具革命性言过其实。区块链最主要的问题是缺乏像互联网那样可以普遍访问的基本通用协议。[2]

（曹文姣整理）

---

〔1〕《新华社：区分比特币和区块链技术，防止政策误伤技术研发热情》，载澎湃新闻，http：//www. thepaper. cn/newsDetail_ forward_ 1991677，最后访问日期：2018 年 3 月 11 日。

〔2〕 卢南峰整理：《比特币狂热的背后：技术革命还是资本泡沫?》，载澎湃新闻，http：//www. thepaper. cn/newsDetail_ forward_ 1986759，最后访问日期：2018 年 3 月 11 日。

# 佛系，中国社会心态新动向

**［编者按］** 2017年，“佛系”成了网络热词，公众号“新世相”发布的一篇原创文章[1]掀起了人们关于“佛系”现象的讨论。作为一种当下中国社会心态的重要表现，其反映出年轻群体的心态。这种心态背后折射出什么样的社会、经济、文化背景，与当前的消费主义、个体主义之间存在着什么样的关联？透过“佛系”这个现象考察社会深层次的结构变化和心态发展，有助于我们理解这个时代和这个时代的年轻人。2018年2月9日，《探索与争鸣》编辑部与国家社科基金重大项目“复杂现代性与中国发展之道”项目课题组在复旦大学哲学学院举办了“佛系：中国社会心态新动向”圆桌会议，将“佛系”与现代性联系在一起，并且从多个角度看待“佛系”以及其对社会的影响。

## 一、“佛系”心态与现代性相关

复旦大学哲学学院教授孙向晨认为，“佛系”现象是披着美丽东方外衣的现代性消极后果。在现代性的逻辑下，个体主义使所有超越自我的宏大叙事都不再具有合理性，个体将自己封闭在自身之中，而物质主义则带来了人们精神上的空虚，用来填补空虚的工具理性也并不具备任何

〔1〕 世相君：《第一批90后已经出家了》，载微信公众号“新世相”，2017年12月11日，https：//mp. weixin. qq. com/s/6CntOmrBf-VjlzzSpZGToA，最后访问日期：2018年5月9日。

价值建构的能力。当这些空洞的主体性与东方文化相遭遇，就产生了“佛系”这种文化现象。[1] 复旦大学哲学学院教授王金林认为，“佛系”现象实质在于低欲望，会对消费社会构成一定程度的挑战。但作为一种反消费症候，“佛系”现象目前最多也只是对消费主义的一种消极抵制。不过，这种被动消极的“反消费症候”在一定的条件下或许可以转化为主动积极的“内置式出走”，并缓慢而深刻地侵蚀消费主义的基本逻辑。[2] 上海师范大学都市文化研究中心研究员朱军认为，从精神分析的角度来看，“佛系”其实是消费社会异化统治下的“负性幻觉”，伴随着都市现代性发生发展而来。在消费社会中，人们不得不听命于欲望，而一种对于难以满足需求的巨大恐惧，诱发了自我退隐和逃避的冲动，制造了“佛系青年”。[3]

## 二、“佛系”现象可以从多个视角来理解

复旦大学哲学学院教授邹诗鹏认为，“佛系”是反映一定社会情绪及其社会心态，并特别表现为部分都市青年价值观的亚文化现象，是在社会转变过程中快速形成的一种基于时尚的亚文化，是主流话语在强化自身的过程中所伴随的一定人群失范和剩余的结果，当然也是一定人群在

---

〔1〕 孙向晨：《警惕“佛系现象”：披着美丽东方外衣的现代性消极后果》，载微信公众号“探索与争鸣杂志”，2018 年 4 月 7 日，https：//mp. weixin. qq. com/s/SfboN33IRqkFiexGLc4pWA，本文原载《探索与争鸣》2018 年第 4 期，最后访问日期：2018 年 5 月 9 日。

〔2〕 王金林：《佛系青年：低欲望，就能逃离消费主义社会么?》，载微信公众号“探索与争鸣杂志”，2018 年 4 月 9 日，https：//mp. weixin. qq. com/s/1hcr5usx2s92gis3Q2ob6g，本文原载《探索与争鸣》2018 年第 4 期，原标题为《佛系：反消费症候或内置式出走?》，最后访问日期：2018 年 5 月 9 日。

〔3〕 朱军：《负性幻觉：“佛系”的精神分析》，载微信公众号“探索与争鸣杂志”，2018 年 4 月 19 日，https：//mp. weixin. qq. com/s/zKH4JEBWUgAn3KhyACPvSg，本文原载《探索与争鸣》2018 年第 4 期，最后访问日期：2018 年 5 月 9 日。

迅速变化的时代实现自我保全的表现。[1] 复旦大学中文系副教授金理认为，“佛系青年”是发生“角色退出”后的青年形象在今天的代表之一。自1980年代末以来，在文学中具有抗争性和能动性的青年形象即角色化的青年形象好像渐渐在消失，取而代之出现的是边缘青年、无力青年甚至失败青年，这类青年形象与佛系青年分享了很多共同的面向。这意味着随着社会变迁，从国家神话、意识形态来看青年形象的视角逐渐为新的多元视角所取代，整个社会对青年的角色期待和规范力量在降低、消解。[2]

## 三、“佛系”现象对社会有不同的影响

第一，一些学者对“佛系”现象持肯定态度，认为“佛系”现象可以对社会产生一定的积极作用。

复旦大学哲学学院当代国外马克思主义研究中心教授、博士生导师汪行福认为，“佛系”是一种消极的善。“佛系”不同于犬儒主义，它既没有早期犬儒主义那种愤世嫉俗的激情，也没有堕入晚近犬儒主义那种玩世不恭、唯利是图的颓唐状态。同时，它也不能等同于自暴自弃意义上的“丧”，最多只能等同于自黑自嘲意义上的“丧”。“佛系”实际上是一种善，不过它缺少社会的进步和完善所需要的更远大的理想与更积

---

〔1〕 邹诗鹏：《又不是“X二代”，你有什么资格“成佛”?》，载微信公众号“探索与争鸣杂志”，2018年4月16日，https：//mp. weixin. qq. com/s/4zppDnzWUuWAjOG_ D8nleg，本文原载《探索与争鸣》2018年第4期，原标题为《作为亚文化及社会情绪的“佛系”现象》，最后访问日期：2018年5月9日。

〔2〕 金理：《中国青年形象的演变：从“沸系”到“佛系”》，载微信公众号“探索与争鸣杂志”，2018年4月18日，https：//mp. weixin. qq. com/s/Bo02kD0A0KFOpZ91jg5Haw，本文原载《探索与争鸣》2018年第4期，原标题为《“佛系青年”与“青年消失论”》，最后访问日期：2018年5月9日。

极的行动，因而只能是一种消极的、有限意义上的善。[1] 复旦大学哲学学院副教授郁喆隽认为，从社会功能上讲，“佛系”可以为当下的中国起到一种类似古人通过退隐田园实现自我心理疗愈的功能。“佛系”之所以引人关注，恰恰是因为它与社会背景文化之间存在一定的反差。当下的中国社会，“只许成功不准失败”，人们不得不拼搏努力。社会缺乏一套真正意义上行之有效的退出或退步机制，人们在现有的文化资源中找不到面对失败的精神资源。在这种背景下，“佛系”文化恰恰可以在当下中国年轻人的思想市场中，发挥与心灵鸡汤、生活美学等相类似的功能，起到一种缓冲或者退出的作用。[2] 青岛农业大学外国语学院讲师徐玉凤认为，“佛系”话语具有精神安顿与自我保护功能。“佛系”不能简单理解为对生活的逃避，而是生活态度的一种表达，平息焦虑与压力的一种方式。“佛系”话语为人们提供了一种满足其精神需求的语言支持，“佛系青年”用话语的宠辱不惊给自己的无为以安慰。通过语言表述而完成退隐或放下，也是“佛系”话语发挥积极的社会功能的方式。[3]

第二，还有一些学者对“佛系”现象持否定态度，他们认为“佛系”现象是负面消极的，需要对之加以引导，以避免其对社会的不利影响。

南京大学哲学系教授徐小跃认为“佛系”是伪佛，具有负面性和消极性，真正的佛家更为积极达观。“佛系”所表现出的种种心态具有一种“无奈”之感，但我们从这一“无奈”中可以发现他们实际上还是有着向往美好生活的渴望，因此应该积极主动地用中国传统儒家思想对他们进

---

〔1〕 汪行福：《“佛系”不是病，而是一种消极的善》，载微信公众号“探索与争鸣杂志”，2018年4月6日，https://mp.weixin.qq.com/s/XrqlQ7257WNOLSi02X2buA，本文原载《探索与争鸣》2018年第4期，最后访问日期：2018年5月9日。

〔2〕 郁喆隽：《“佛系”是对“单通道社会”的暧昧抵抗》，载微信公众号“探索与争鸣杂志”，2018年4月14日，https://mp.weixin.qq.com/s/btBRS9lqRgZUoGe_pcxasw，本文原载《探索与争鸣》2018年第4期，原标题为《“单通道社会”中的暧昧抵抗——对“佛系”现象的宗教社会学考察》，最后访问日期：2018年5月9日。

〔3〕 徐玉凤：《“佛系现象”的批评话语分析》，载微信公众号“探索与争鸣杂志”，2018年4月14日，https://mp.weixin.qq.com/s/NSGegAKsqoFnTRp_ogh9iA，本文原载《探索与争鸣》2018年第4期，最后访问日期：2018年5月9日。

行正面的引导。[1] 上海财经大学人文学院教授陈忠认为，从文明史的视角来看，“佛系”社会现象应该属于短时段的历史，是一种“老年心态”。然而社会进步与文明体发展需要自觉、健康的青年心态作为其精神支撑与深层动力。对当下中国而言，应当自觉营建健康的青年心态。[2] 苏州大学传媒学院教授陈龙认为，“佛系”文化作为社会工具理性化的产物，最应被注意的是其在全社会逐渐弥漫开来的颓废气息，这对整个社会的发展是不利的。中国的“佛系”现象与日本的低欲望社会有相似之处，但中国远没有进化到如日本那样的阶段，“佛系”青年更多是源于资源匮乏的焦虑与恐惧。“佛系”文化的颓废消极色彩对中国社会是一种不祥的预兆和现实的挑战。[3]

（姚无铭整理）

〔1〕 徐小跃：《“佛系”是伪佛：真正的佛家更为积极达观》，载微信公众号“探索与争鸣杂志”，2018 年 4 月 10 日，https：//mp. weixin. qq. com/s/YvVPJ8KweIiiB6XpQRUo_ Q，本文原载《探索与争鸣》2018 年第 4 期，原标题为《从中国传统文化看“佛系”现象》，最后访问日期：2018 年 5 月 9 日。

〔2〕 陈忠：《“佛系青年”本质是“老年心态”》，载微信公众号“探索与争鸣杂志”，2018 年 4 月 13 日，https：//mp. weixin. qq. com/s/p5gnOL4Rlen-rTyE7fVdog，本文原载《探索与争鸣》2018 年第 4 期，原标题为《阳光乐观的社会心态是发展的深层动力——文明论视野中的青年心态》，最后访问日期：2018 年 5 月 9 日。

〔3〕 陈龙：《“佛系”“丧文化”，都是社会工具理性化的产物》，载微信公众号“探索与争鸣杂志”，2018 年 4 月 17 日，https：//mp. weixin. qq. com/s/T3-yPOsP9qm-uqbucIRkaw，本文原载《探索与争鸣》2018 年第 4 期，原标题为《区隔、生产、现代性症候：“佛系”文化的三种维度》，最后访问日期：2018 年 5 月 9 日。

# 编后记

“亚洲人会思考问题吗?”20世纪末，马凯硕（Kishore Mahbubani）提出了这个问题，试图反驳西方文明的普世主义。他写作的年代正是历史发展晦暗不明的时段。一方面，1980年代的“亚洲四小龙”取得了令人骄傲的发展业绩，日本经济发展甚至直逼美国，创造了“亚洲奇迹”，而中国改革开放也开始推动经济的持续增长，“亚洲价值”这个概念一度引起了相当的关注和讨论。但另一方面，这个时代恰恰也是苏联社会主义阵营彻底崩溃解体，西方资本主义取得了“冷战”的全面胜利，美国以全球新罗马帝国的姿态推动“历史终结”的时代。在这种西方文明主导的世界中，亚洲人究竟应当如何思考问题，而这个问题也自然可以转换为“中国人会思考问题吗?”。

对这个问题的回答无法诉诸抽象的思想辩论，但恰恰反过来让我们关注“中国人在思考什么?”，对这个问题的经验总结才能让我们回答“中国人会思考问题吗?”。然而，中国在思考什么很大程度上取决于中国人在做什么，而中国人做什么也往往取决于中国人思考什么。理论与实践由此形成内在的互动。正因为如此，从2012年开始，北京大学法治研究中心专门组织研究团队，以一种年鉴的方式系统整理编辑“动态中国”丛书，尝试回答两个基本问题:“中国人想什么”和“中国人做什么”。就前一个问题，我们编辑了《中国思想动态报告》，试图从“中国人想什么”这个问题意识出发，客观地、忠实地记录中国公共思想家对世界秩序和中国道路的思考；就后一个问题，我们编辑了《中国发展动态报告》，试图从“中国人做什么”这个问题意识出发，客观忠实地记录国家发展战略、体制改革、经济、社会、法治和文化教育等各个领域重大的公共政策等。

然而，在中国成长为全球性大国的过程中，中国的思考和行动也不可能脱离整个世界，因此，我们在关注“中国人想什么”的时候，也不能不关注“西方人想什么”。为此，我们从2016年开始编辑《法意看世界》系列，记录西方人对全球秩序和中国崛起的思考和观察。《法意看世界》2016年和2017年的报告分别以《西方的危机和美国的重建》和《新欧亚时代：危机与愿景》为书名在中国政法大学出版社出版。作为呼应，我们将《中国思想动态报告》调整为《法意看中国》，希望以此记录中国知识界如何思考全球面临的问题，进而呈现一幅“中国人想什么”的生活图景。

我们在编辑《法意看中国》的过程中，始终秉持两个基本原则：其一，我们关注的是中国公共思想界关于全球局势和中国未来发展走向的讨论。一方面，我们将讨论的主体仅仅集中在中国公共思想界，其中以知识分子为主体，偶尔也会关注媒体记者和网络公共舆论参与者的一些论述。另一方面，我们将讨论的内容集中在关于全球局势和中国未来发展道路以及重大公共政策和意识形态领域的讨论，而不涉及专业领域的学术讨论，而且我们收集编辑的内容以正式发表的期刊、网站或稳定且有影响力的公众号中的论述为主，内部研究报告不在我们的关注范围。其二，我们秉持客观、科学、中立的年鉴立场，看重论述的理论深度、把握问题的能力和面向未来的前瞻性，而不关心论述的思想倾向和思想方法，我们更希望能够记录中国思想界不同流派、不同观念和不同方法之间的对话，而正是这种对话甚至辩论才能真正推动中国思想的成长。

需要注意的是，我们的编辑团队以北京大学法学院“法律与公共政策”专业方向的研究生为主体，因此，我们在选题把握上难免有所遗漏，一些重要期刊可能未被注意到，一些重要论述可能被我们忽略；我们在编辑过程中难免有所错漏，可能未能准确、全面地把握作者的意思。凡此种种，希望读者们批评指正。我们的编辑过程，既是内部相互讨论、学习和提高的过程，也是一个对外界开放、互动的过程。我们希望读者朋友能够提出更好的意见和建议，如果您认为有一些重要的期刊或论述需要我们综述到年度报告中，可以推荐给我们。我们期待有更多的朋友一起来关注“中国想什么”和“中国做什么”的问题。

《法意看中国》编委会

2019 年 9 月

**图书在版编目（C I P）数据**

全球变局与中国道路：法意看中国：2018 /刘天骄，姚无铭主编.—北京：当代世界出版社，2020.6

ISBN 978-7-5090-1557-5

Ⅰ.①全… Ⅱ.①刘… ②姚… Ⅲ.①中外关系－文集②中国特色社会主义－社会主义建设模式－文集 Ⅳ.①D822-53②D616-53

中国版本图书馆 CIP 数据核字(2020)第 090403 号

---

**书　　名**：全球变局与中国道路：法意看中国（2018）
**出版发行**：当代世界出版社
**地　　址**：北京市东城区地安门东大街 70-9 号
**网　　址**：http://www.worldpress.org.cn
**编务电话**：（010）83907528
**发行电话**：（010）83908410
**经　　销**：新华书店
**印　　刷**：北京中科印刷有限公司
**开　　本**：720 毫米×960 毫米　　1/16
**印　　张**：14
**字　　数**：195 千字
**版　　次**：2020 年 6 月第 1 版
**印　　次**：2020 年 6 月第 1 次
**书　　号**：978-7-5090-1557-5
**定　　价**：58.00 元

---